15만 유튜버 국제커플의

브이로그
영어회화

규호와 세라 지음

YBM

15만 유튜버 국제커플의

브이로그
영어회화

저자	규호와 세라
발행인	이동현
발행처	YBM
기획편집	정윤영
표지 디자인	올콘텐츠그룹
본문 디자인	이현숙
마케팅	박천산, 고영노, 박찬경, 김동진, 김윤하
홍보	김일용
초판인쇄	2020년 6월 23일
초판발행	2020년 6월 30일
신고일자	1964년 3월 28일
신고번호	제 300-1964-3호
주소	서울시 종로구 종로 104
전화	(02) 2000-0515 [구입문의] / (02) 2000-0463 [내용문의]
팩스	(02) 2285-1523
홈페이지	www.ybmbooks.com

ISBN 978-89-17-23227-1

머리말

안녕하세요!
유튜브 채널 2hearts1seoul을 운영하고 있는 한국-캐나다 국제커플 규호와 세라입니다.

캐나다에 있는 세라의 가족과 친구들에게 우리 부부의 한국 생활과 다양한 한국 문화를 보여주기 위해 만든 유튜브 채널이 뜻밖에 많은 분들의 사랑을 받아 어느덧 94개국 15만 명 이상의 구독자를 보유한 채널로 성장하였습니다.

처음 몇 년간은 주로 해외 시청자들이 저희 두 사람의 일상과 한국생활이 담긴 영상에 공감과 호응의 댓글을 남겨주셨는데, 언제부턴가 국내 시청자들의 댓글이 눈에 띄기 시작했습니다. 100% 영어로 제작된 저희의 vlog 영상을 꾸준히 보다 보니 이제 자막 없이도 영어가 들리기 시작한다는 분들, 영작문 공부를 대신해 저희 영상에 대한 소감을 영어로 남겨주시는 분들의 댓글을 보며 저희가 만든 컨텐츠로 더 많은 분들께 도움을 드릴 수 있으면 좋겠다는 생각을 하게 되었습니다.

돌이켜보니 제가 러시아와 인도 학교에서 현지어를 배울 때나 세라가 한국에서 일을 하며 한국어를 배울 때도, 딱딱한 문법이나 정형화된 문장을 다루는 책을 통해 '공부'로 배운 것보다 현지 친구들과 함께하는 일상을 통해 '삶'으로 배운 것이 훨씬 더 많았습니다. 저희 영상 속에 담긴 일상의 대화와 말들이야말로 영어를 영어답게 말하고 싶은 한국 학습자들께 살아 있는 영어를 전수해드릴 수 있다는 생각에 용기를 내어 이 책을 집필했습니다.

이 책은 저희가 지난 5년간 촬영한 다양한 브이로그 영상들과 각 영상에 담긴 생활영어 문장을 함께 공부할 수 있는 100% 리얼 일상영어 회화교재입니다. 평생 한번 써먹을까 말까 한 드라마나 영화의 대사가 아닌 여러분이 매일 사랑하는 가족이나 친구와 나누는 평범한 생활영어 문장들이 이 책 안에 들어 있습니다. 영어를 어렵고 힘든 언어로 생각하셨던 분들이 이 책을 통해 즐겁게 영어를 배우고 말하시게 되기를 바랍니다. 감사합니다.

규호와 세라 올림

브이로그 영어회화 강력 추천합니다!

이영지 대학생

브이로그는 재미로 보는 경우가 많아서 **초급자들도 자연스럽게 실생활 영어** 표현들을 배울 수 있을 것 같아요. 국제커플 유튜버의 브이로그이기 때문에 **남녀 모두가 자주 쓰는 영어 표현**을 배울 수 있고요. 또 가족이나 주변 사람들이 등장하는 영상을 통해 다양한 사람들의 영어를 들을 수 있어 좋아요. 영어 학습을 위해 일부러 해외 유튜버의 브이로그 영상을 시청하는 사람들이 늘고 있는 요즘 트렌드에 딱 맞는 책이네요. **가볍고 즐겁게 영어회화 공부**에 도전할 수 있을 것 같아요.

오도윤 영어 강사

영어회화를 공부할 때 **일상에서 진짜 사용되는 영어**를 배운다면, 활용할 수 있는 기회도 많아져서 듣기 능력 향상은 물론, **실제 영어 대화에서 자신감**이 생기는 놀라운 경험도 하게 될 것입니다. 동일한 내용을 **책과 영상을 통해 반복 학습**하는 시너지 효과를 볼 수 있어 좋았고, **다른 회화 책에서 만날 수 없는** '유튜버 국제커플의 일상 대화'라는 컨텐츠로 구성되어 더욱 좋았습니다.

최명한 직장인

영상을 통해 실생활 브이로그의 영어 문장들을 어렵지 않게 따라 말할 수 있고 응용하기에도 좋아서 말하기에 도움이 된다고 생각합니다. **하루에 조금씩 매일 공부하기에도 부담되지 않는 양**이고, 단순한 내용이지만 난이도가 쉽고 어려운 문장이 적절히 들어 있어 **초급자에서 초중급자까지 점진적으로 자신감을 키울 수 있는 책**입니다.

DestyKim 취업준비생

일상생활에서 실제로 쓰이는 회화 문장들이 들어 있는 상황들을 브이로그를 통해
볼 수 있네요. 각 에피소드마다 꼭 알아두어야 할 핵심 문장들을 짚어주어서 **실전에
써먹기도 쉽고 영어 공부하는 재미도 더 커질 것 같아요.**

김소은 대학생

브이로그로 영어회화를 공부하면 회화 문장을 주입식으로 학습하는 것보다 실제 회화 능력
향상에 도움이 될 것 같아요. QR 코드로 브이로그와 스피킹훈련 영상을 볼 수 있다는 점이
이 책의 장점이고, 먼저 브이로그를 통해 일상 대화를 보여줌으로써 흥미를 유발하기 때문에
**영어에 대해 막연한 두려움을 가진 분이나 영어공부를 처음 시작하여 무엇부터 공부해야 할지
막막한 분들께 추천하고 싶은 책입니다.**

이지은 직장인

브이로그라서 **미드나 영화보다는 쉽고 부담 없이** 영어 컨텐츠를 시청하고 일상
회화를 배울 수 있다는 점, 그리고 **교과서적인 영어가 아니라 진짜 실생활에서 쓰는
영어 문장들을** 접할 수 있어 추천합니다.

류준무 직장인

저는 **일상생활에서 사용하는 언어야말로 진정한 언어라고** 믿기 때문에 브이로그가
영어회화를 공부하는 데 정말 큰 도움이 된다고 생각합니다. 호주에서 대학생활을
마친 후 깨달은 것은 우리가 일상생활 영어에 얼마나 노출될 수 있는가가 영어
교육에서 매우 중요하다는 것입니다. 이런 점에서 **'브이로그로 영어회화를
공부해야 한다'**는 이 책의 컨셉에 공감합니다.

학습법부터 다른
브이로그 영어회화

일단 책은 넣어두시개

영상부터 볼 거다냥!

🎧 STEP 1   브이로그 전체 듣기

한글 자막만 보며 귀 쫑긋!
다 안 들려도
절망하지 않겠다냥

한글과 영어 자막 매칭!
앗, 내가 들은 건
이게 아니었다냥

자막 없이 도전!
오홋! 신기하게 다 들린다냥

핵심 문장 그대로 SPEAK))

패턴으로 응용 SPEAK))

100 Vlog Episodes

CHAPTER 4 ─ Everyday Outings ♪♪

CHAPTER **5** Homebodies

 CHAPTER **6** We Love Seoul

CHAPTER 7 Travelogues

How We Met,
Fell in Love,
and Got Married

사실 널 지켜보고 있었어.

#첫 만남 #첫눈에 반하다

Do you remember when you told me
"Hey, I'm KATUSA."

Yes, I was actually very proud of myself.
I thought she would definitely know about KATUSA.

I had no idea what that was.

Actually before that, she was smiling at me
and I smiled back at her.

I was actually watching you.
I saw you before you saw me.

Sarah	기억해? 네가 "안녕, 나 카투사야."라고 내게 말했던 거.
Kyuho	응, 나 사실 내 자신이 엄청 자랑스러웠거든.
	세라가 카투사에 대해 당연히 알 거라 생각했죠.
Sarah	그게 뭔지 전혀 몰랐어.
Kyuho	사실 그 전에 세라가 절 보며 웃고 있었어요.
	그래서 저도 세라를 보며 웃었죠.
Sarah	사실 널 지켜보고 있었어.
	네가 나 보기 전에 내가 널 먼저 봤거든.

Key Words & Expressions   actually 사실 proud 자랑스러운 definitely 분명히, 당연히 watch 지켜보다

핵심 문장 그대로 SPEAK))

나 사실 **내 자신이** 엄청 **자랑스러웠거든.**

I was actually very   .

저**도** 그녀를 보며 **웃었어요.**

I   at her.

나 **사실** 널 **지켜보고 있었어.**

I was   you.

패턴으로 응용 SPEAK))

➕ **I had no idea ~** 나 ~ 전혀 몰랐어

◀ **I had no idea** what that was.

나 그게 뭔지 **전혀 몰랐어.**

◀ **I had no idea** what BTS was.

나 BTS가 뭔지 **전혀 몰랐어.**

◀ **I had no idea** who she was.

나 그녀가 누군지 **전혀 몰랐어.**

1도 의심 안 했어요.

#레알 프러포즈 #몰래 카메라

Many of you guys asked how
I proposed to Sarah and
I actually filmed it.

With a hidden camera.

I thought it would be very
interesting to watch it later,
so I set up a hidden camera and
Sarah had no idea what I was doing.

I had no idea really.
I didn't suspect a thing.

Kyuho   어떻게 세라에게 청혼했는지 많은 분들이 물으셨는데요,
         실은 제가 그 장면을 촬영했어요.

Sarah   몰래 카메라로요.

Kyuho   나중에 보면 재미있을 것 같았어요.
         그래서 몰래 카메라를 설치했는데
         세라는 제가 뭐 하는지 전혀 눈치채지 못했어요.

Sarah   정말 몰랐어요.
         1도 의심 안 했어요.

Key Words & Expressions   propose 청혼하다   film 촬영하다   suspect 의심하다

핵심 문장 그대로 SPEAK))

실은 제가 **그걸 촬영했어요.**

I actually _____ .

전 몰래 카메라를 **설치했어요.**

I _____ a hidden camera.

전 **1도 의심 안 했어요.**

I _____ .

패턴으로 응용 SPEAK))

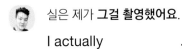 **I proposed to** ~ 나 ~에게 청혼했어

◀ **I proposed to** Sarah.
나 세라에게 **청혼했어.**

◀ **I proposed to** my boyfriend of five years.
나 5년 사귄 남자친구에게 **청혼했어.**

◀ **I proposed to** her on Valentine's day.
나 그녀에게 밸런타인데이에 **청혼했어.**

Episode 3

이거 현실이야?

#로맨틱 프러포즈 #나랑 결혼해줄래?

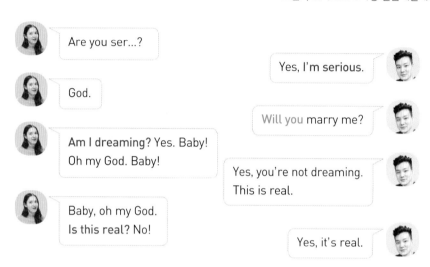

Are you ser...?

God.

Am I dreaming? Yes. Baby!
Oh my God. Baby!

Baby, oh my God.
Is this real? No!

Yes, I'm serious.

Will you marry me?

Yes, you're not dreaming.
This is real.

Yes, it's real.

Sarah	정말...?
Kyuho	응, 나 진심이야.
Sarah	세상에.
Kyuho	나와 결혼해줄래?
Sarah	나 꿈꾸는 거야? 응, 그럴게. 자기야! 말도 안 돼. 자기야!
Kyuho	응, 꿈꾸는 거 아니야. 이거 현실이야.
Sarah	자기야, 말도 안 돼. 이거 현실이야? 아냐!
Kyuho	맞아, 이거 현실이야.

Key Words & Expressions serious 진지한, 진심의　marry 결혼하다　real 실제의, 진짜의

18

핵심 문장 그대로 SPEAK ⟫

나 **진심이야**.

I'm   .

나 **꿈꾸는 거야**?

Am I   ?

이거 **현실이야**?

Is this   ?

패턴으로 응용 SPEAK ⟫

➕ **Will you ~?** ~할래?

◀ **Will you** marry me?

나와 결혼해줄**래**?

◀ **Will you** go out with me?

나와 사귈**래**?

◀ **Will you** have dinner with me?

나와 저녁 먹을**래**?

평생 힘이 되는 남편이 될 것을 맹세해요.

#결혼식 #결혼 서약

I will always respect and understand you, and I promise to be your supporting husband forever.

Only three months after my arrival, I met you one night by chance.

I'm so lucky and so proud to call you my husband.

Thank you for choosing me.

Kyuho	항상 당신을 존중하고 이해하며 평생 힘이 되는 남편이 될 것을 맹세해요.
Sarah	한국에 온 지 불과 석 달 만에 어느 날 밤 우연히 당신을 만나게 되었어요. 당신을 남편이라고 부르다니 난 정말 행운아예요. 정말 뿌듯해요. 날 선택해줘서 고마워요.

Key Words & Expressions   support 지지하다   arrival 도착   by chance 우연히

20

핵심 문장 그대로 SPEAK ⑴)

 나는 항상 당신을 **존중하고 이해할게요**.

I will always   you.

 나는 평생 힘이 되는 남편이 **될 것을 맹세해요**.

               your supporting husband forever.

 어느 날 밤 나는 **우연히** 당신을 만나게 되었어요.

I met you one night   .

패턴으로 응용 SPEAK ⑴)

➕ Thank you for ~ ~해줘서 고마워

◀ **Thank you for** choosing me.
나를 선택해**줘서 고마워**.

◀ **Thank you for** teaching me English.
내게 영어를 가르쳐**줘서 고마워**.

◀ **Thank you for** cheering me up.
나를 격려해**줘서 고마워**.

이게 언제나
어려운 점이에요.

#국제커플 #애로 사항

That's probably the hardest thing for me, anyway.
Because I feel that the two of us don't really have
cultural differences that we clash about.

But the hardest thing for me is...
If we live in your country, then I have to be away
from my family and if we live in my country,
then you have to be away from your family.
So it's always a struggle.

Sarah   어쨌든, 그게 아마 내겐 가장 힘든 것 같아.
왜냐면 우리 둘은 문화 차이로 부딪치는 일은
전혀 없다고 느끼니까.

하지만 내가 가장 힘든 것은...
만약 우리가 당신 나라에 살게 되면,
난 내 가족들이랑 떨어져 있어야 하고,
만약 우리가 내 나라에 살면,
당신이 당신 가족들이랑 떨어져 있어야 하잖아.
그래서 이게 언제나 어려운 점이야.

Key Words & Expressions   probably 아마도   hardest 가장 힘든   clash 충돌하다   struggle 어려움, 힘든 일

핵심 문장 그대로 SPEAK))

 어쨌든, 그게 아마 **내겐 가장 힘든 것** 같아.

That's probably _____, anyway.

 난 내 가족들이랑 **떨어져 있어야 해.**

I _____ from my family.

 이게 언제나 **어려운 점**이야.

It's always _____.

패턴으로 응용 SPEAK))

➕ **If ···, then ~** 만약 ···하면, ~야

◀ **If** we live in my country, **then** you have to be away from your family.
만약 우리가 내 나라에 살게 되**면**, 네가 네 가족들이랑 떨어져 있어야 해.

◀ **If** you leave me now, **then** I will be very sad.
만약 네가 지금 나를 떠나**면**, 나는 매우 슬플 거야.

◀ **If** the world ends tomorrow, **then** I will plant an apple tree.
만약 내일 세상이 끝난다**면**, 나는 한 그루의 사과나무를 심을 거야.

만나고, 사랑하고, 헤어지고

그 여자 보고 첫눈에 반했어.

I fell in love with her in first sight.

이런 느낌 처음이야.

I've never felt this way before.

이 남자 나한테 작업 거는 거 맞지?

He's hitting on me, right?

나 그 여자 전화번호 땄어.

I got her number.

우리 또 볼까?

Can I see you again?

다른 약속이 있어.

I already have plans.

그 남자에겐 마음이 끌리지 않아.

I'm just not feeling it with him.

우리 그냥 친구로 지내자.

Let's just be friends.

우리 이쯤에서 끝내.

We should start seeing other people.

나와 결혼해줘

그는 요즘 만나는 사람 있어?

Is he seeing anyone these days?

그녀는 사랑에 눈이 멀었어.

She's blinded by love.

깜짝 프로포즈를 하고 싶어.

I want to do a surprise proposal.

내 사람이 되어줘.

Be mine.

그 남자가 나한테 결혼하쟤.

He said he wants to marry me.

그녀가 청혼을 받아들였어?

Did she accept your proposal?

우리 날 잡았어.

We set a date.

우리 결혼식에 꼭 와야 해.

You must come to our wedding.

두 사람 진짜 잘 어울려.

You two suit each other really well.

We Are More Similar Than Different

저는 사람들과 어울리는 걸 좋아해요.

#성격 차이 #내향 vs. 외향

I'm in-between an introvert and an extrovert.
Because I really like solitude, alone time.
But at the same time, I like hanging out with people.

Yeah, me? Totally opposite.
I like to meet new people.
I like to hang out with new people.
I like to make new friends.

Sarah   저는 내성적인 것과 외향적인 것 사이예요.
전 고독, 혼자 있는 시간도 좋아하지만
동시에 사람들과 어울리는 것도 좋아해요.

Kyuho   맞아요, 저요? 정반대예요.
전 새로운 사람 만나는 걸 좋아해요.
새로운 사람과 어울리는 것도 좋아해요.
새 친구 사귀는 것도 좋아해요.

Key Words & Expressions   introvert 내성적인 사람   extrovert 외향적인 사람   solitude 고독
opposite 맞은편, 반대의   hang out 사람들과 어울리다

핵심 문장 그대로 SPEAK ⟫

 저는 내성적인 것과 외향적인 것 **사이예요.**

I'm   an introvert   an extrovert.

 저는 사람들과 **어울리는 걸** 좋아해요.

I like   with people.

 정반대예요.

.

패턴으로 응용 SPEAK ⟫

➕ **I like to ~**   나 ~하는 것을 좋아해

◀ **I like to** make new friends.
난 새 친구 사귀는 **걸 좋아해.**

◀ **I like to** cook delicious meals for my wife.
난 아내에게 맛있는 요리 해주는 **걸 좋아해.**

◀ **I like to** listen to music.
난 음악 듣는 **걸 좋아해.**

규호는 엄청 인기가 많았어요.

#학창 시절 #인기남 규호

It's kind of weird to say with my own words...

Yes, he was very, very popular. Girls always gave him presents and on Valentine's Day, you'd go home with your arms full of chocolates.

Well, we'll just keep it that way. Yeah.

I was not popular. I was just kind of mid-level.

You were smart, though.

Why did you say that in past tense?

Kyuho 제 입으로 이런 말하기는 좀 그런데요...
Sarah 맞아요, 규호는 엄청 인기 많았어요.
여자애들이 항상 선물 주고 밸런타인데이 때
초콜릿을 한 아름 안고 집에 갔다고 해요.
Kyuho 음 그냥 그렇다고 해두죠. 그래요.
Sarah 전 인기가 많지 않았어요. 그냥 중간 정도였던 거 같아요.
Kyuho 근데 넌 똑똑했잖아.
Sarah 그걸 왜 과거형으로 말했어?

Key Words & Expressions kind of 약간, 어느 정도, 일종의 weird 기이한, 이상한 popular 인기 있는
mid-level 중간 정도인

핵심 문장 그대로 SPEAK))))

규호는 엄청 인기가 많았어요.
He was very,   .

그냥 **그렇다고 해두죠**.
We'll just   .

저는 그냥 **중간 정도**였던 거 같아요.
I was just   .

패턴으로 응용 SPEAK))))

➕ It's kind of + 형용사 + to ~ ~하는 것은 좀 …해

◀ **It's kind of** weird **to** say with my own words.
내 입으로 말하**기는 좀** 그래.

◀ **It's kind of** dangerous **to** buy designer bags online.
명품 가방을 온라인 구매**하는 것은 좀** 위험해.

◀ **It's kind of** rude **to** ask someone how much money they make.
누군가에게 돈을 얼마나 버는지 묻**는 것은 좀** 무례해.

그것 때문에
미치겠어요.

#규호의 습관 #재채기

Kyuho is probably the loudest sneezer
in the entire universe and it hurts my ears and
it just drives me crazy.

No, it's the seasonal change.
That's why.

No, it's not a seasonal change.
It's year-round. Everyone knows it.
Everyone who knows you knows it.

It's like a wake-up sneeze and
whenever I wake up, I don't know why,
but I sneeze at least three times.

Sarah	규호는 아마 우주 전체에서 가장 요란하게 재채기하는 사람일 거예요.
	그것 때문에 저는 귀도 아프고 그냥 미치겠어요.
Kyuho	아냐, 환절기라 그래. 그게 이유야.
Sarah	아냐, 환절기 때만 그러지 않아.
	일년 내내야. 모두가 알아.
	널 아는 사람은 다 알아.
Kyuho	기상 재채기 같은 거예요.
	그리고 잠에서 깰 때마다, 왜 그런지 모르겠지만
	최소 3번은 재채기를 해요.

Key Words & Expressions loud 시끄러운 sneezer 재채기하는 사람 year-round 연중 계속되는

핵심 문장 그대로 SPEAK ⟩⟩⟩

 그것 때문에 그냥 **제가 미치겠어요.**

It just   .

 이거 **일년 내내야.**

It's   .

 널 아는 사람은 **다 그걸 알아.**

who knows you   .

패턴으로 응용 SPEAK ⟩⟩⟩

⊕ **I don't know why, but** ~ 왜 그런지 모르겠지만 ~해

◀ **I don't know why, but** I sneeze at least three times.
왜 그런지 모르겠지만 최소 3번 재채기를 해.

◀ **I don't know why, but** I sleep so much during the winter.
왜 그런지 모르겠지만 겨울 동안 많이 자.

◀ **I don't know why, but** I'm always hungry.
왜 그런지 모르겠지만 항상 배가 고파.

빨리 자고
불 좀 꺼!

#세라의 습관 #취침 전 독서

One more thing about Sarah is you always
have to read a book before going to bed.

I got that from my mommy.

And sometimes I'm really tired.
I wanna go to bed... there's light...

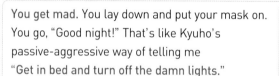

You get mad. You lay down and put your mask on.
You go, "Good night!" That's like Kyuho's
passive-aggressive way of telling me
"Get in bed and turn off the damn lights."

Kyuho	세라에 대해 하나 더 말하자면 세라는 자기 전에 항상 책을 읽어야 해요.
Sarah	엄마한테 물려받은 거예요.
Kyuho	가끔 저는 정말 피곤할 때가 있어요. 자고 싶은데... 빛이 있고...
Sarah	너 화내잖아. 누워서 안대 쓰고 하는 말이 "잘 자!" 그건 규호가 저에게 수동적으로 공격하는 화법 같은 거죠. "빨리 자고 그 망할 불 좀 꺼."

Key Words & Expressions   mad 화난 lay down 눕다 passive-aggressive 수동 공격적인

핵심 문장 그대로 SPEAK ·))

엄마한테 **그거 물려받았어.**

I _____ from my mommy.

너 **화내잖아.**

You _____ .

빨리 자고 그 망할 불 좀 **꺼.**

_____ and _____ the damn lights.

패턴으로 응용 SPEAK ·))

➕ **One more thing about + 명사 + is ~** …에 대해 하나 더 말하자면 ~야

◀ **One more thing about** Sarah **is** she always reads a book.

세라에 **대해 하나 더 말하자면,** 세라는 항상 책을 읽어.

◀ **One more thing about** cats **is** they love to sleep.

고양이에 **대해 하나 더 말하자면,** 고양이들은 자는 걸 좋아해.

◀ **One more thing about** Korean food **is** it can be spicy.

한식에 **대해 하나 더 말하자면,** 한식은 매울 수 있어.

너 항상 춤추는 거 좋아했잖아.

#규호의 어린 시절 #춤신춤왕 규호

 What do you think about my childhood videos?

I, uhh... it's very funny to pick out those little habits that are very much still existent in our marriage, and...

 Yeah, all these outburst dances... probably coming from Russia, from Kazakhstan.

Yeah, you always loved to dance. You always loved music, making weird sounds, annoying your friends and your wife.

 Look at how cocky I am.

You're pretty cocky.

Kyuho	나 어렸을 때 비디오 어때?
Sarah	우리 결혼 생활에도 여전히 남아 있는 작은 버릇들을 포착하는 게 정말 재미있어.
Kyuho	아마도 이런 즉흥적인 춤들은 다 러시아랑 카자흐스탄에서 나오는 거야.
Sarah	그래, 너 항상 춤추는 거 좋아했잖아. 음악도 항상 좋아하고 이상한 소리를 내고, 친구랑 아내 막 귀찮게 하고.
Kyuho	저 거만한 표정 좀 봐.
Sarah	너 진짜 거만해.

Key Words & Expressions existent 존재하는 outburst (감정의) 폭발 cocky 자만심에 찬, 거만한

핵심 문장 그대로 SPEAK »)

 작은 버릇들을 포착하는 게 정말 재미있어.

It's very funny to   .

 너 항상 **춤추는 거 좋아했잖아.**

You always   .

 내가 **얼마나 거만한지** 좀 봐.

Look at   I am.

패턴으로 응용 SPEAK »)

➕ **What do you think about ~?** ~에 대해 어떻게 생각해?

◀ **What do you think about** my childhood videos?

나 어렸을 때 비디오 **어때?**

◀ **What do you think about** having pancakes for breakfast?

아침으로 팬케이크 먹는 거 **어때?**

◀ **What do you think about** traveling to New York this summer?

이번 여름에 뉴욕으로 여행가는 거 **어때?**

데비라고 불러도 돼.

#장모님 #영어 호칭 #문화 차이

In Korean, I'm supposed to call you "장모님" and "장인어른" which literally means mother-in-law and father-in-law.

We never call names.

Very formal.

But I wanted him to feel more comfortable with us. So I said you don't have to call us that.

I remember you were like "Oh, it's okay. You can call me Debbie."

Kyuho	한국어로는 제가 '장모님', '장인어른'이라고 불러야 해요. 말 그대로 장모님과 장인어른이라는 뜻이에요.
Sarah	아주 정중한 말이죠.
Kyuho	한국에선 절대 이름을 부르지 않아요.
Mother	근데 나는 규호가 우리를 더 편하게 느꼈으면 했어. 그래서 그렇게 안 불러도 된다고 말했지.
Sarah	기억나요. 엄마가 "어머, 괜찮아. 데비라고 불러도 돼."라고 하셨죠.

Key Words & Expressions be supposed to ~하기로 되어 있다. ~해야 하다 literally 말 그대로
mother-in-law 시어머니, 장모 father-in-law 시아버지, 장인

핵심 문장 그대로 SPEAK))》

한국어로는 제가 '장모님'이라고 **불러야 해요**.
In Korean,   you "장모님".

우리를 그렇게 안 **불러도 돼**.
You   us   .

나를 데비라고 **불러도 돼**.
You can   .

패턴으로 응용 SPEAK))》

➕ **I wanted** + 목적어 + **to** ~   난 …가 ~했으면 했어

◀ **I wanted** him **to** feel more comfortable with us.
난 그가 우리를 더 편하게 느꼈**으면 했어**.

◀ **I wanted** her **to** try Mexican food.
난 그녀**가** 멕시칸 음식을 먹어봤**으면 했어**.

◀ **I wanted** you **to** meet my parents.
난 네**가** 내 부모님을 만났**으면 했어**.

항상 너무 헷갈려요.

#친척 #호칭

I'm always so nervous
'cause Kyuho has so many family members.
I don't know how to call everyone, right?
Even you don't know when I ask you.
You're not helpful at all.

Oh yeah, my mom has a lot of siblings.

I have to ask Kyuho like, "What do I call this person?"

In Korea, what Kyuho calls his mom's older sister is different from the title that I would call her.

So I always get so confused.

Sarah 전 항상 너무 긴장돼요. 왜냐면 규호네 가족이 아주 많거든요.
모두 어떻게 불러야 할지 저는 모르잖아요.
심지어 내가 물어보면 너도 모르잖아.
넌 전혀 도움이 안 돼.

Kyuho 맞아, 우리 엄마 형제자매가 많지.

Sarah 제가 규호한테 이렇게 물어봐야 해요, "이분을 어떻게 불러야 해?"
한국에서는 제가 규호 어머니의 언니를 부르는 호칭과
규호가 그분을 부르는 호칭이 달라요.
그래서 항상 너무 헷갈려요.

Key Words & Expressions　　nervous 긴장되는　sibling 형제자매　confused 혼란스러운

핵심 문장 그대로 SPEAK 》))

 전 항상 너무 긴장돼요.
I'm always   .

 우리 엄마는 **형제자매가 많아**.
My mom has   .

 전 항상 **너무 헷갈려요**.
I always   .

패턴으로 응용 SPEAK 》))

➕ **I don't know how to** ~ 어떻게 ~할지 모르겠어

◀ **I don't know how to** make bulgogi.
불고기를 **어떻게** 만들**지 모르겠어**.

◀ **I don't know how to** get her attention.
그녀의 관심을 **어떻게** 받을**지 모르겠어**.

◀ **I don't know how to** sign up for Netflix.
넷플릭스에 **어떻게** 가입하**는지 모르겠어**.

콩꺼풀, 드디어 벗겨지다

잘 때 뒤척거리지 좀 마.

Don't toss and turn while sleeping.

쩝쩝거리지 좀 마.

Please don't eat so loudly.

다리 떠는 거 거슬려.

It bothers me when you shake your legs.

양말 아무데나 던져 놓지 마.

Don't leave your socks on the floor.

치약 앞에서부터 짜지 말라고 했잖아.

I told you not to squeeze the toothpaste from the top.

왜 나만 애를 봐야 하는데?

Why am I the only one who takes care of the baby?

오늘이 무슨 날인지 알아?

Do you know what day it is?

이번 달 카드 값이 왜 이리 많이 나왔어?

Why was the credit card bill so high this month?

어떻게 매일 술이야?

Why do you drink every day?

부부싸움은 칼로 물 베기

우리 부부싸움 중이야.

We're having a fight.

서로 말 안 한 지 며칠 됐어.

It's been a few days since we've talked to each other.

우린 서로 안 맞아.

We're not right for each other.

너 왜 그렇게 고집이 세?

Why are you so stubborn?

너랑은 도무지 말이 안 통해.

I can never have a conversation with you.

내 탓 하지 마, 너도 잘한 거 없어.

Don't put all the blame on me, it's your fault too.

내 잘못이야.

It's my fault.

내가 오해했어.

I misunderstood.

없던 일로 하자.

Let's pretend it never happened.

Our Friends and Family

조금 걱정도 됐어.

#추억 소환 #세라 엄마 인터뷰

> When I first decided,
> "Yes, I'm going to Korea to work for a year",
> do you remember what you were thinking and...?

> I remember, yeah. I was kind of excited for you.
> At the same time I was a little worried too.

> So you were more excited than worried? Or...

> Probably more excited.

> That's good.

Sarah	제가 "그래, 나 한국에 가서 1년 동안 일할 거야"라고 처음 결심했을 때 엄마는 어떤 생각이 드셨는지 기억나세요?
Mother	응 기억나지. 네 일에 나까지 막 신이 나더라. 동시에 걱정도 좀 됐고.
Sarah	그럼 엄마는 걱정스럽기보단 신이 났어요? 아니면...
Mother	아마 오히려 신났던 것 같아.
Sarah	다행이네요.

Key Words & Expressions   decide 결정하다, 결심하다   excited 기쁜, 신이 난   at the same time 동시에

핵심 문장 그대로 SPEAK ⟩⟩⟩

어떤 생각이 드셨는지 기억나세요?

Do you remember   ?

네 일에 나까지 막 **신이 나더라**.

I was kind of   .

동시에 걱정도 좀 됐어.

                    I was a little worried too.

패턴으로 응용 SPEAK ⟩⟩⟩

➕ **more *A* than *B*** B하기보다는 A한

◀ You were **more** excited **than** worried?

넌 걱정됐다**기보단** 신났어?

◀ I'm **more** confused **than** angry.

난 화나**기보단** 혼란스러워.

◀ We were **more** tired **than** bored.

우린 지루했다**기보단** 피곤했어.

나 숙취가 아직
안 가셨어.

#친구들과의 점심식사 #숙취

This is my favorite restaurant around this area.

Oh, my God!
Why didn't I know about this?

Table on top of a table place.

This is way more than I expected.
Are you ok, buddy?

This looks so good.
My hangover is not gone yet, but it's good.

Friend1 이 동네에서 내가 가장 좋아하는 식당이야.
Sarah 어머나!
내가 왜 여길 몰랐지?
Friend1 테이블 위에 또 테이블이 있는 곳이지.
Sarah 내가 예상했던 것보다 훨씬 많네.
너 괜찮아?
Friend2 엄청 맛있어 보이네.
나 숙취가 아직 안 가셨어, 그래도 괜찮아.

Key Words & Expressions way 훨씬 buddy 친구 hangover 숙취

핵심 문장 그대로 SPEAK))

 여기가 이 동네에서 **내가 가장 좋아하는 레스토랑**이야.

This is   around this area.

 내가 왜 여길 몰랐지?

                              about this?

 나 **숙취가** 아직 **안 가셨어.**

My   is   yet.

패턴으로 응용 SPEAK))

➕ **This is way + 비교급 + than I expected** 이거 예상했던 것보다 훨씬 더 ~해

◀ **This is way** more **than I expected.**
이거 예상했던 것보다 훨씬 더 많아.

◀ **This is way** hotter **than I expected.**
여기 예상했던 것보다 훨씬 더 더워.

◀ **This is way** easier **than I expected.**
이거 예상했던 것보다 훨씬 더 쉬워.

규호 씨 할아버지 댁에 가는 중이에요.

#추석 귀성길 #기차 여행

 We are on our way to Kyuho's grandpa's house in the countryside for Chuseok holiday, and we're currently driving to the SRT station to catch the train... because we're a little bit late, so we're in a taxi.

 We're just transferring to the next train from Osong Station.

I believe Kyuho's mom is gonna pick us up at the station?

 Your dad? He's gonna pick us up?

My dad!

Sarah	추석을 보내러 시골에 있는 규호 씨 할아버지 댁으로 가는 중이에요. 우린 지금 차를 타고 SRT역으로 가고 있어요. 열차를 타려고요. 왜냐면 약간 늦었거든요. 그래서 지금 택시 안이에요.
Sarah	저희 이제 오송역에서 다음 열차로 갈아탈 거예요. 제가 알기론 규호 씨 어머니가 역으로 저희를 데리러 오실걸요?
Kyuho	아버지!
Sarah	아버님이? 아버님이 우리 데리러 오셔?

Key Words & Expressions   countryside 시골   currently 지금, 현재   transfer 갈아타다, 환승하다
pick+목적어+up ～를 (차에) 태우다

핵심 문장 그대로 SPEAK))

 저희 **지금 차를 타고** SRT역으로 가고 있어요.

We're   to the SRT station.

 저희 이제 오송역에서 **다음 열차로 갈아탈 거예요.**

We're just   from
Osong Station.

 규호 씨 어머니가 역으로 **저희를 데리러 오실걸요?**

Kyuho's mom is gonna   at the station?

패턴으로 응용 SPEAK))

➕ **be on one's way to ~** ~로 가는 중이야

◀ We **are on our way to** Kyuho's grandpa's house.
규호 할아버지 댁**으로 가는 중이야.**

◀ She **is on her way to** work.
그녀는 직장**으로 가는 중이야.**

◀ He **is on his way to** the subway station.
그는 지하철역**으로 가는 중이야.**

그리 맵지 않아.

#세라 남동생 #한국 음식 맛보기

Oh, my God!
This one really looks spicy.

I'm worried!
What do you want to start with?

That.

Usually I would recommend this to people
who haven't tried Korean food a lot first.

I like it a lot.

Is it spicy?

It's tasty but it's not that spicy.

Kyuho	오, 이런! 이거 엄청 매워 보여.
Sarah	걱정돼! 어떤 거부터 시작할래?
Kevin	저거!
Sarah	나는 보통 한식을 많이 안 먹어본 사람들에게 이걸 먼저 추천해.
Kevin	이거 완전 마음에 들어.
Sarah	매워?
Kevin	맛있는데 그리 맵지 않아.

Key Words & Expressions spicy 매운, 양념 맛이 강한 recommend 추천하다 tasty 맛있는

핵심 문장 그대로 SPEAK))》

 어떤 거부터 시작할래?

What do you   ?

 이거 완전 마음에 들어.

.

 그리 맵지 않아.

It's not   .

패턴으로 응용 SPEAK))》

➕ **I would recommend** *A* **to** *B* 나는 A를 B에게 추천해

◀ **I would recommend** this **to** people who haven't tried Korean food.
난 이걸 한식을 안 먹어본 사람들**에게 추천해**.

◀ **I would recommend** this movie **to** everyone.
난 이 영화를 모든 사람들**에게 추천해**.

◀ **I would recommend** this book **to** people who want to learn English.
난 이 책을 영어를 배우고 싶은 사람들**에게 추천해**.

원래 크림 같아야 해.

#장모님과 쿠킹 #계란 까기 #마요네즈 만들기

 Kyuho said he told my mom he would peel the eggs.

 Not a good one?

This is very bad, sorry.

 Are you teasing Mom for not making enough eggs?

I think it's too much mayonnaise.

 He said, "You might need more eggs than that".

Debbie, it's becoming creamy.

 It's supposed to be creamy.

Sarah	규호 말로는 우리 엄마한테 자기가 계란 껍질을 까겠다고 했대요.
Mother	잘 안 됐어?
Kyuho	완전 망쳤어요. 죄송해요.
Sarah	계란 충분히 안 만들었다고 엄마 놀리는 거야?
Kyuho	마요네즈가 너무 많은 거 같아요.
Mother	규호가 "어머니, 계란이 좀 더 필요할 거 같은데요."라고 했어.
Kyuho	어머니, 크림처럼 되고 있어요.
Mother	원래 크림 같아야 하는 거야.

Key Words & **Expressions**   peel 껍질을 벗기다 tease 놀리다 creamy 크림 같은, 크림이 많은

핵심 문장 그대로 SPEAK ›››

그는 우리 엄마한테 자기가 **계란 껍질을 까겠다고** 했어요.

He told my mom he would   .

그보다 계란이 조금 더 **필요할 거 같은데요.**

You   more eggs than that.

원래 크림 같아야 해.

It's   .

패턴으로 응용 SPEAK ›››

➕ **Are you teasing + 목적어 + for ~?** ~했다고 …를 놀리는 거야?

◄ **Are you teasing** Mom **for** not making enough eggs?

계란 충분히 안 만들었**다고** 엄마 **놀리는 거야?**

◄ **Are you teasing** Sarah **for** spilling kimchi soup on her shirt?

김치국물을 셔츠에 흘렸**다고** 세라 **놀리는 거야?**

◄ **Are you teasing** him **for** crying during the movie?

영화 도중에 울었**다고** 그를 **놀리는 거야?**

오늘 제 동생 케빈이
쉬는 날이에요.

#쉬는 날 #해변 놀러 가기

So, Kevin my brother is off from work today.
So we're all gonna go to the beach together at like 12:30.
The beach is only like a 10- or 15-minute drive from here.

Yeah, it's very close.

 This is the perfect kind of beach day.

There's not even a **single** cloud.

Sarah	오늘 제 동생 케빈이 쉬는 날이에요.
	그래서, 우리 모두 12시 30분쯤에 해변으로 갈 거예요.
	해변은 여기서 차로 10 내지 15분 정도밖에 안 걸려요.
Kyuho	네, 매우 가까워요.
Sarah	해변 가기 완벽한 날씨네.
Kyuho	구름 한 점 없어.

Key Words & Expressions   drive 드라이브, 자동차 여행(주행) even 심지어 single 하나의

56

핵심 문장 그대로 SPEAK))

 오늘 제 동생 케빈이 **쉬는 날이에요.**

Keven my brother   today.

 해변은 여기서 **차로 10 내지 15분 정도**밖에 안 걸려요.

The beach is only like a   from here.

 아주 가까워요.

           .

패턴으로 응용 SPEAK))

➕ There's not even a [one] ~   ~ 하나 없어

◄ **There's not even a** single cloud.

구름 한 점도 **없어.**

◄ **There's not even one** car on the road.

도로에 차가 **한 대도 없어.**

◄ **There's not even a** place to sit.

앉을 자리 **하나도 없어.**

조금 일찍 도착했어요.

#친구의 초대 #집들이

My friend invited us for his housewarming party.
He moved to an apartment.

So we're gonna go check out his house,
see his cat, Darley,
after a very long time of not seeing him.

We got here a bit early.

Well, actually we just wanted to beat the rush hour
but we failed.

We're gonna buy a present for my friend
for his housewarming party.

Kyuho 제 친구가 저희를 집들이에 초대했어요. 아파트로 이사 갔거든요.
Sarah 그래서 저희는 친구 집에 가서 구경하고 그의 고양이 달리도
       볼 거예요. 오랫동안 못 봤거든요.
Kyuho 저희 조금 일찍 도착했어요.
Sarah 사실 혼잡한 시간대를 피해서 오려고 했는데 실패했어요.
Kyuho 친구 집들이를 위해 선물을 살 거예요.

Key Words & Expressions   housewarming party 집들이   check out ~을 확인하다, 보다
                              beat 피하다, 이기다

핵심 문장 그대로 SPEAK))

 그는 아파트로 **이사 갔어요**.

He ＿＿＿＿＿＿ an apartment.

 저희 조금 일찍 **여기 도착했어요**.

＿＿＿＿＿＿ a bit early.

 혼잡한 시간대를 피해서 오려고 했는데 실패했어요.

We just wanted to ＿＿＿＿＿＿ but we failed.

패턴으로 응용 SPEAK))

➕ We're gonna go + 동사 우리 ~하러 갈 거예요

◀ **We're gonna go** check out his house.
우리는 그의 집을 구경하러 **갈 거예요**.

◀ **We're gonna go** see a movie at 7 P.M.
우리는 오후 7시에 영화 보러 **갈 거예요**.

◀ **We're gonna go** have dinner.
우리는 저녁 먹으러 **갈 거예요**.

맛이 정말 이상해질 거예요.

#세라 엄마 #한국 음식 맛보기

Try this one. It's very mild. It's potato.
It might be a little harder to pick up.
Oh, there you go.

Everyone's looking.
My mom is nervous.

I always mix it first.

Does this go in too?

No, no, no, no.

No! Mom, please no.
It's gonna make it taste really weird.

Sarah	이거 드셔보세요. 굉장히 순해요. 감자예요.
	아마 집기 조금 힘들 거예요.
	그렇게 하는 거예요.
Sarah	모두 쳐다보니까 엄마가 긴장하셨어.
Sarah	저는 항상 먼저 섞어요.
Mother	이것도 들어가니?
Kyuho	아니요, 아니요.
Sarah	아뇨! 엄마, 안 돼요 제발.
	그럼 맛이 정말 이상해질 거예요.

Key Words & Expressions   mild 순한, 가벼운 pick up 들어 올리다 taste ~한 맛이 나다

핵심 문장 그대로 SPEAK))

 이거 드셔보세요.

.

 그렇게 하는 거예요.

.

 이것도 들어가니?
Does this   too?

패턴으로 응용 SPEAK))

➕ **It's gonna make** + 목적어 + 동사원형 그게 …을 ~하게 할 거야

◀ **It's gonna make** it taste really weird.
그게 그 음식 맛을 정말 이상하게 **할 거야**.

◀ **It's gonna make** you feel better.
그게 널 기분이 나아지게 **할 거야**.

◀ **It's gonna make** him look great.
그게 그를 멋져 보이게 **할 거야**.

전체적으로 어때요?

#세라 엄마 #한국 음식 체험 후

So overall what do you guys think?

Absolutely delicious.

What was your favorite?

I loved everything. What do you call this?

Bulgogi.

That was my favorite,
and the seaweed with the nice sauce.

I was actually surprised at how good
it was to be honest.

I'm glad.

Kyuho	전체적으로 어때요?
Mother	굉장히 맛있었어.
Sarah	어떤 게 가장 좋았어요?
Mother	다 좋았어. 이건 뭐라고 하니?
Kyuho, Sarah	불고기요.
Mother	그게 가장 좋았어. 그리고 맛있는 소스를 곁들인 해초도.
Sarah	솔직히 너무 맛있어서 사실 놀랐어.
Kyuho	다행이네.

Key Words & Expressions overall 종합적으로, 전부 absolutely 굉장히, 전적으로
seaweed (김미역 등의) 해조, 해초

핵심 문장 그대로 SPEAK))

 전체적으로 어떻게 생각하세요?

what do you guys think?

 뭐가 **가장 좋았어요**?

What was   ?

 이건 뭐라고 하니?

                  ?

CHAPTER 3

패턴으로 응용 SPEAK))

⊕ **I was surprised at how + 형용사** 너무 ~해서 놀랐어

◀ **I was surprised at how** good it was.
너무 맛있어서 **놀랐어.**

◀ **I was surprised at how** huge the buildings were.
빌딩들이 **너무 커서 놀랐어.**

◀ **I was surprised at how** funny the movie was.
영화가 **너무 웃겨서 놀랐어.**

차가 엄청 막혔어요.

#친척 결혼식 #교통 체증

 We're on our way to my cousin's wedding.

We've got 10 minutes.

 We'll be right on time.

'Cause there was a lot of traffic.
We got stuck three times.

 It usually takes about an hour and 40 minutes from 서울 to 청주 but...

Yeah! It took over two hours.

Kyuho	제 친척 형 결혼식에 가는 길이에요.
Sarah	10분 남았어.
Kyuho	우리 딱 시간에 맞춰 도착할 거야.
Sarah	차가 엄청 막혀서 3번이나 정체되었잖아.
Kyuho	보통은 서울에서 청주까지 1시간 40분 정도 걸리는데...
Sarah	응! 2시간 이상 걸렸어.

Key Words & Expressions   cousin 사촌, 친척 right on time 딱 시간에 맞춰 traffic 차량들, 교통량
stuck 갇힌, 움직일 수 없는

핵심 문장 그대로 SPEAK))

우리 **딱 시간에 맞춰** 도착할 거야.
We'll be   .

차가 엄청 막혔어.
There was   .

3번이나 **정체되었어.**
We   three times.

패턴으로 응용 SPEAK))

➕ It takes about + 시간 + from *A* to *B*   A에서 B까지 ~ 정도 걸려

◄ **It** usually **takes about** an hour and 40 minutes **from** Seoul **to** Cheongju.
보통은 서울**에서** 청주**까지** 1시간 40분 **정도 걸려.**

◄ **It takes about** 30 minutes **from** Gangnam **to** Jongro.
강남**에서** 종로**까지** 30분 **정도 걸려.**

◄ **It takes about** 17 hours **from** Seoul **to** Halifax by plane.
서울**에서** 핼리팩스**까지** 비행기로 17시간 **정도 걸려.**

네가 소개시켜줬잖아.

#중매쟁이 규호 #친구의 결혼 소식

That was an awesome steak dinner, oh my God!

It was really good.

It was huge.
But, yeah, we're really happy for them.
I can't believe they're actually getting married after you set them up.

Yeah, it worked out well.

Good job, matchmaking Kyuho.

Sarah	엄청 맛있는 스테이크 저녁이었어요, 세상에!
Kyuho	정말 맛있었어요.
Sarah	엄청 거대했어요.
	그런데 우린 두 사람 일로 너무 기뻐요.
	네가 소개시켜준 후에 둘이 실제로 결혼까지 하다니 믿기지 않아.
Kyuho	그래, 잘됐어.
Sarah	잘했어, 중매쟁이 규호.

Key Words & Expressions   huge 거대한, 막대한   set+사람 목적어+up 소개팅을 주선하다
work out well 잘되다   matchmaking 결혼 중매

핵심 문장 그대로 SPEAK))

 엄청 거대했어요.

It was   .

 네가 **소개시켜줬잖아**.

You   them   .

 잘됐어요.

It   well.

패턴으로 응용 SPEAK))

➕ **I can't believe ~** ~하다니 믿기지 않아

◀ **I can't believe** they're actually getting married.
그들이 실제로 결혼을 한**다니 믿기지 않아**.

◀ **I can't believe** you lost your job.
네가 실직했**다니 믿기지 않아**.

◀ **I can't believe** we have to leave tomorrow.
우리가 내일 떠나야 한**다니 믿기지 않아**.

멀미약을 먹어야 했어요.

#가족 행사 가는 길 #세라의 멀미

Drowsy?

I had to take a motion sickness medicine,
because when I take the bus in Korea long distance,
I usually feel terrible.

But now I am like so dizzy and sleepy.

We have to take a cab to get to the restaurant.
Korean food buffet. But we came quite early.
So, we're kinda chilling around.
Let's go, I guess.

Kyuho   졸려?

Sarah   멀미약을 먹어야 했어요.
         한국에서 장거리 버스를 탈 때마다 거의 견디기 힘들거든요.
         근데 이젠 아주 어지럽고 졸린 것 같아요.

Kyuho   저희 이제 식당까지 택시를 타고 가야 해요.
         한식 뷔페 식당요. 근데 꽤 일찍 왔네요.
         그래서 그냥 쉬면서 시간 보내고 있어요.
         이제 가야 할 거 같아.

Key Words & Expressions   drowsy 졸린 motion sickness 멀미 medicine 약 dizzy 어지러운
chill 느긋하게 시간을 보내다

핵심 문장 그대로 SPEAK))

 멀미약을 먹어야 했어요.

I had to take a   .

 아주 **어지럽고 졸린** 것 같아요.

I am like so   .

 저희 **꽤 일찍** 왔어요.

We came   .

패턴으로 응용 SPEAK))

➕ take + 교통수단 + to get to + 장소 ~에 가기 위해 …를 타

◀ We have to **take** a cab **to get to** the restaurant.

우린 식당**에 가기 위해** 택시를 **타**야 해.

◀ I will **take** the subway **to get to** my parents' house.

나 부모님 집**에 가기 위해** 지하철을 **탈** 거야.

◀ She needs to **take** this flight **to get to** Halifax.

그녀는 핼리팩스**에 가기 위해** 이 비행기를 **타**야 해.

친구가 할로윈
파티를 열 거예요.

#할로윈 파티 #할로윈 장식

We're at my friend's house.

Oh gosh!

And she's throwing a Halloween party for everyone.

These are so scary.

Look at this.

People are gonna see this, Lindsay, and
you're gonna have a new party-planning business.

Sarah	저희는 친구 집에 왔어요.
Kyuho	앗!
Sarah	제 친구가 모두를 위해 할로윈 파티를 열 거예요.
Kyuho	이것 좀 봐.
Sarah	이것들 너무 무섭다.
Sarah	린지야 사람들이 이거 볼 텐데, 너 이제 새로 파티플래닝 사업 하겠다.

Key Words & Expressions   throw a party 파티를 열다   scary 무서운

70

핵심 문장 그대로 SPEAK ⟫

 그녀가 모두를 위해 **할로윈 파티를 열 거예요.**

She's   for everyone.

 이것 좀 봐.

.

 이것들 **너무 무섭다.**

These are   .

패턴으로 응용 SPEAK ⟫

➕ **We're at** ~ 우린 ~에 있어

◀ **We're at** my friend's house.
우린 친구 집에 있어.

◀ **We're at** work.
우린 회사에 있어.

◀ **We're at** a party.
우린 파티에 와 있어.

아직 익지도 않았어.

#규호 엄마표 #갈비찜

This is a lot of meat.
But it smells so good already, though.
It's not even cooked.

I know.

So, we're gonna boil this for about 40 minutes to an hour.
Yeah, the meat gets softer.

Yeah, now we're gonna wait for about 40 minutes, and...
I know because my mom made it, it looks really easy.
But if I do it at home, I'mma probably mess up.

Sarah	고기 엄청 많아.
	그런데 벌써 냄새가 좋아.
	아직 익지도 않았는데.
Kyuho	그러게.
Kyuho	저희는 이거 40분에서 1시간 정도 끓일 거예요.
	네, 고기가 더 부드러워지게 돼요.
Kyuho	네. 이제 40분 정도 기다릴 거예요, 그리고...
	엄마가 만들어서 정말 쉬워 보인다는 거 알아요.
	근데 만약 제가 집에서 하면 아마 망칠 거예요.

Key Words & Expressions   though 그런데 (주로 문장 마지막에 위치함) boil 끓이다
I'mma 나 ~할 거야 (속어, I am going to의 줄임말) mess up 망치다

핵심 문장 그대로 SPEAK »))

 아직 **익지도** 않았어.

It's not _____ .

 저희는 40분에서 1시간 정도 **이걸 끓일 거예요.**

_____ for about 40 minutes to an hour.

 아마 망칠 거예요.

I'mma _____ .

패턴으로 응용 SPEAK »))

➕ **get** + 비교급 더 ~해져

◀ The meat **gets** soft**er**.

고기가 더 부드러워**져**.

◀ As the summer goes on, the weather **gets** hott**er**.

여름이 계속될수록, 날씨는 더 더워**져**.

◀ Working out **gets** easi**er** if you do it regularly.

규칙적으로 하면 운동이 더 쉬워**져**.

저를 밀쳐내셨어요.

#화목한 가정 #설거지는 아버지 담당

 It's soaked up all the flavor.

And juice.

Now, we're gonna take some home.

I feel bad. My dad is doing the dishes.

 I know. I feel bad.
I tried to do it but he shoved me away.

 So, we just got home a little while ago.
I'm having Kyuho's mom's bread as toast.
It was really fun learning with her today.

Sarah	양념을 모두 빨아들였어.
Kyuho	육즙도.
Kyuho	저희 집으로 가져갈 거예요.
Kyuho	죄송하네요. 아버지께서 설거지를 하셔요.
Sarah	맞아요. 죄송해요.
	제가 하려고 했는데 아버님이 저를 밀쳐내셨어요.
Sarah	조금 전에 집에 도착했어요.
	규호 어머니께서 만들어주신 빵을 토스트로 먹고 있어요.
	오늘 어머님과 함께 배운 거 정말 재미있었어요.

Key Words & Expressions soak up ~을 빨아들이다 dishes 접시, 설거지거리 shove away 밀치다

핵심 문장 그대로 SPEAK))

 양념을 모두 **빨아들였어**.
It's   all the flavor.

 아버지께서 **설거지를 하셔요**.
My dad is   .

 그분이 저를 **밀쳐내셨어요**.
He   me   .

패턴으로 응용 SPEAK))

➕ **It was really fun -ing** ~하는 거 정말 재미있었어

◀ **It was really fun** learn**ing** with her today.
오늘 그녀와 함께 배운 **거 정말 재미있었어**.

◀ **It was really fun** spend**ing** a day at the beach.
해변에서 하루를 보낸 **것 정말 재미있었어**.

◀ **It was really fun** travel**ing** with my parents.
부모님과 함께 여행한 **거 정말 재미있었어**.

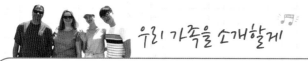

우리 가족을 소개할게 ♪♫

난 장남이야.

I'm the oldest son.

세라는 막내야.

Sarah is the youngest child.

규호는 외동이야.

Kyuho is the only son.

3남1녀 중 내가 둘째야.

I'm the second of four children—three boys and one girl.

넌 아빠 판박이야.

You look like your father.

우리 앤 내 눈을 빼다 박았어.

My child has my eyes.

우리 가족은 화목해.

Our family gets along well.

넌 부모님이랑 사이가 좋아?

Do you have a good relationship with your parents?

시부모님께서 나를 딸처럼 대하셔.

My parents-in-law treat me like their daughter.

보고 싶다, 친구야!

요즘 그녀랑 연락해?

Do you keep in touch with her these days?

그는 졸업하고 나선 깜깜 무소식이야.

I haven't heard from him since graduation.

우린 소꿉놀이 친구야.

We're old friends.

우린 맨날 붙어다녔지.

We always hung out together.

너희는 왜 항상 서로 못 잡아먹어 안달이야?

Why are you guys always bickering?

우린 고등학교 동창이야.

We went to high school together.

그녀는 내 대학 선배야.

She was a few years ahead of me in college.

우린 동창회에서 다시 만났어.

We met again at a reunion.

그는 내 남친이 아니라 남사친이야.

He's not my boyfriend, just a friend.

Everyday Outings

우리 동네에서 제일 뚱뚱한 길고양이에요.

#우리 동네 #길고양이

Hey, Tubs!
This is the fattest stray cat in our neighborhood.
Usually, the 순대국 place feeds him.
Hey~~ It looks like you ate another cat.

Ohh! Yeah, there is a really kind lady
who is basically his owner.
But he wanders around here sometimes.
Oh, see? He's so strong!

Sarah   안녕, 통통아!
우리 동네에서 제일 뚱뚱한 길고양이에요.
주로 순대국집에서 먹이를 줘요.
야~~ 너 마치 다른 고양이 삼킨 거 같아 보여.

Sarah   오! 네, 정말 마음씨 좋으신 여성분이 있는데
그분이 얘의 주인이나 마찬가지예요.
그런데 얘는 가끔 여기서 돌아다녀요.
오, 보이시나요? 얘 엄청 힘이 세요!

Key Words & Expressions   stray cat 길고양이 feed 먹이를 주다 wander 돌아다니다, 거닐다

핵심 문장 그대로 SPEAK 》

얘가 **우리 동네에서** 제일 뚱뚱한 길고양이에요.

This is the fattest stray cat .

주로 순대국집에서 **얘에게 먹이를 줘요.**

Usually, the 순대국 place .

그런데 얘는 가끔 **여기서 돌아다녀요.**

But he sometimes.

패턴으로 응용 SPEAK 》

➕ **It looks like ~** ~인 것 같아 보여

◀ **It looks like** you ate another cat.
너 마치 다른 고양이를 먹은 **것 같아 보여.**

◀ **It looks like** it is going to rain later today.
오늘 이따가 비올 **것 같아 보여.**

◀ **It looks like** Sarah is wearing a child's pants.
세라가 어린아이 바지를 입고 있는 **것 같아 보여.**

이제 마음이 놓여요.

#출입국 사무소 #비자 발급

 Finished!

Finally, we're finished.

 Finished, I hope.
We had everything except for one document,
but we can just fax it over and then we're finished.

It will take around two to three weeks.

 Yeah. They're gonna mail it to me, so.
Ahhh! I'm so excited!

So Sarah can get an F6 visa!

 Yeah! Ahhh! It's such a relief, though!
We've been stressing about this for months.
Thank you, boo! Thank you.

Sarah	끝났어요!
Kyuho	드디어 저희 끝냈어요.
Sarah	끝났으면 좋겠네요. 저희 문서 하나 빼고 다 있었어요. 근데 그건 그냥 팩스로 보내면 돼요. 그러면 끝나요.
Kyuho	2~3주 정도 걸려요.
Sarah	네. 저한테 우편으로 보내줄 거예요. 아! 너무 신나요!
Kyuho	그럼 세라는 F6비자를 받을 수 있어요!
Sarah	맞아요! 아! 정말 마음이 놓여요. 저희 이것 때문에 몇 달 동안 스트레스 받았어요. 고마워, 자기야! 고마워.

Key Words & Expressions   fax+목적어+over ~를 팩스로 보내다   mail 우편으로 보내다   relief 다행, 안도

핵심 문장 그대로 SPEAK »))

그건 그냥 **팩스로 보내면 돼요**.

We can just   .

그들이 **저한테 우편으로 그걸 보내줄** 거예요.

They're gonna   .

정말 **마음이 놓여요**.

It's   .

패턴으로 응용 SPEAK »))

➕ **everything except for ~** ~만 빼고 다

◀ We had **everything except for** one document.
우린 문서 하나**만 빼고 다** 있었어.

◀ Sarah likes **everything except for** live octopus.
세라는 산낙지**만 빼고 다** 좋아해.

◀ Kyuho eats **everything except for** eggplant.
규호는 가지**만 빼고 다** 먹어.

이 길이에요.

#예비부부 #드레스 피팅하는 날

We're going to Gangnam. **This is the way.**
You just have to go straight.

Yeah. I have to show you this bench.
Do you see how short this is?
It's at like my shin.

So we have an **appointment** today.
Sarah has to go to the dress shop.
Basically, they will measure, **tailor**...

Fitting! Dress fitting.

They'll **tailor** the dress.

Kyuho	강남으로 가고 있어요. 이 길이에요. 그냥 직진하면 돼요.
Sarah	네. 이 벤치 보여드려야겠어요.
	이게 얼마나 낮은지 보이시나요?
	제 정강이까지 와요.
Kyuho	저희 오늘 예약이 잡혀 있어요.
	세라는 드레스샵에 가야 해요.
	원래 거기서 치수를 재고, 가봉하고...
Sarah	피팅! 드레스 피팅이라고 해!
Kyuho	드레스를 가봉할 거예요.

Key Words & **Expressions**   shin 정강이   appointment 예약   tailor (몸에 맞게) 가봉하다

핵심 문장 그대로 SPEAK))

 이 길이에요.

       .

 저희 오늘 **예약이 잡혀** 있어요.

We   today.

 그들은 **드레스를 가봉할** 거예요.

They'll   .

패턴으로 응용 SPEAK))

➕ **Do you see how** + 형용사? 얼마나 ~한지 보여?

◀ **Do you see how** short this is?

이게 **얼마나 짧은지 보여**?

◀ **Do you see how** annoying it is when he sneezes?

그가 재채기할 때 **얼마나 짜증나는지 보여**?

◀ **Do you see how** funny he gets when he drinks?

그가 취하면 **얼마나 재미있어지는지 보여**?

김밥 옆구리
터지겠다.

#소풍 #김밥

 When it comes to picnics, kimbap is like sandwiches to Koreans, right?

 Yes. Usually Koreans make kimbap at home for picnic—used to, but these days, I mean, it's cheaper to buy it like this.

 Here you go.

 Thank you. Get the middle one.

 The middle one?

 Whoa. Yours is gonna bust open. She put a lot of stuff in there.

Sarah	소풍에 있어서, 김밥은 한국사람들에게는 샌드위치 같은 거지? 그렇지?
Kyuho	응. 주로 한국사람들은 소풍 갈 때 집에서 김밥을 만들어. 전엔 그랬지. 그런데 요즘에는 이렇게 사는 게 더 저렴해.
Kyuho	자, 여기.
Sarah	고마워. 가운데 거 가져가.
Kyuho	중간 거?
Sarah	헐. 네 김밥 옆구리 터지겠다. 사장님께서 거기에 재료를 많이 넣어주셨네.

Key Words & Expressions   get 가져가다, 얻다   bust open 터지다, 폭발하다   stuff 재료

핵심 문장 그대로 SPEAK))

 자, 여기.

.

 가운데 거 가져가.

.

 네 김밥 **옆구리** 터지겠다.
Yours is gonna .

패턴으로 응용 SPEAK))

➕ **When it comes to ~** ~에 있어서

◀ **When it comes to** picnics, kimbap is like sandwiches to Koreans.
소풍에 **있어서**, 김밥은 한국사람들에게는 샌드위치 같은 거지.

◀ **When it comes to** working out, you have to be consistent.
운동에 **있어서**, 한결 같아야 해.

◀ **When it comes to** phone games, it's easy to waste a lot of time.
폰 게임에 **있어서**, 많은 시간을 낭비하기가 쉬워.

너무 불쌍해요!

#생물 보호 #달팽이

 What are you doing?

Snail.
You don't wanna go there.
You're gonna get run over.

 Oh, Sarah.
Sarah always cares about
all the creatures, living creatures.

Does anyone do that though?
If you see a worm or something on the side of the road.
It's so pitiful! I have to flick it into the grass.

 Right.

I dunno, I've always done it.

Kyuho	뭐 하는 거야?
Sarah	달팽이. 너 거기로 가면 안 돼. 너 차에 치일 거야.
Kyuho	오, 세라. 세라는 항상 모든 생물을 신경 써요. 살아 있는 생물들이요.
Sarah	근데 다른 분들도 이렇게 하시나요? 만약에 도로변에 벌레나 다른 거 있는 걸 보면요. 너무 불쌍해요! 저는 풀밭으로 튕겨버려야 해요.
Kyuho	맞아요.
Sarah	모르겠어요. 전 항상 이렇게 했어요.

Key Words & Expressions   creature 생물   pitiful 불쌍한, 측은한   flick (손가락 등으로) 튕기다

핵심 문장 그대로 SPEAK))

 너 **차에 치일** 거야.
You're gonna   .

 너무 불쌍해요!
                               !

 전 항상 이렇게 했어요.
                          .

패턴으로 응용 SPEAK))

⊕ You don't wanna [want to] ~   너 ~하면 안 돼

◀ **You don't wanna** go there.
너 거기로 가**면 안 돼**.

◀ **You don't wanna** eat that kimchi, it's too sour.
너 그 김치 먹으**면 안 돼**, 너무 셔.

◀ **You don't wanna** leave the windows open, it's too cold.
너 창문 열어 놓으**면 안 돼**, 너무 추워.

여기에 고양이 책이 있을지 궁금해.

#서점 나들이　#캐나다 서점 vs. 한국 서점

 All right, we are going to the bookstore because I had zero luck finding my "spaghetti shirt" as Kyuho calls it.

 I wonder if they have cat books.

 Actually, one thing that kind of surprised me about Korean bookstores is like it's totally fine to just sit and read the book without buying it. But in Canada, they kind of get pissed.

Really?

 Yeah. Because then people would just come every day like it's a library and never buy anything.

Sarah	저희 지금 서점에 가고 있어요. 왜냐면 규호가 이름 붙인 '스파게티 셔츠'를 찾는 데 완전 운이 없었거든요.
Sarah	여기에 고양이 책이 있을지 궁금해.
Sarah	사실, 한국 서점에 대해 놀라운 점 하나는… 사지 않고도 그냥 앉아서 책을 읽어도 완전 괜찮다는 거예요. 하지만 캐나다에서는 화낼 거예요.
Kyuho	정말?
Sarah	응. 왜냐면 그럼 사람들이 마치 도서관처럼 매일 와서는 아무것도 안 살 테니까.

Key Words & Expressions　totally 완전히　get pissed 화나다. 짜증 나다

핵심 문장 그대로 SPEAK 》

 '스파게티 셔츠'를 찾는 데 완전 운이 없었거든요.

I   my "spaghetti shirt".

 여기에 고양이 책이 있을**지 궁금해**.

they have cat books.

 캐나다에서는 그들이 **화낼 거예요**.

In Canada, they kind of   .

CHAPTER 4

패턴으로 응용 SPEAK 》

➕ It's totally + 형용사 + to ~   ~하는 거 완전 …야

◀ **It's totally** fine **to** just sit and read the book.
그냥 앉아서 책을 읽는 **거 완전** 괜찮아.

◀ **It's totally** okay **to** disagree.
반대하는 **거 완전** 괜찮아.

◀ **It's totally** normal **to** react that way.
그렇게 반응하는 **거 완전** 정상이야.

이제 움직여도
된대요.

#민방위훈련 #그대로 멈춰라

 Hello.

 So it's a really beautiful afternoon,
and we're gonna go biking and rent bikes.
And actually at two o'clock there's gonna be a siren drill.

It's already started.

It started.

Yeah, so this is just a part of living in South Korea.
These kinds of drills and air sirens.

 I think they stopped the cars on purpose and
they're blocking them off for the drill.
They're not going anywhere.

They are saying now cars are allowed to move.

Sarah, Kyuho 안녕하세요.

Sarah 정말 아름다운 오후네요. 그리고 저희는 자전거 타러 가는데 자전거는 빌릴 거예요.
그리고 사실 2시에 비상 훈련이 있을 거예요.

Kyuho 시작했어요.

Sarah 벌써 시작했네요.

Sarah 네, 이건 그냥 한국 생활의 한 부분이죠. 이런 종류들의 훈련과 공습 경보요.

Sarah 제 생각엔 훈련 때문에 일부러 차들도 세우고 막고 있는 거 같아요. 차들이 아무데도 못 가네요.

Kyuho 이제 차들이 움직여도 된다고 하고 있어요.

Key Words & Expressions   go biking 자전거를 타러 가다   siren drill 비상 훈련   on purpose 고의로

핵심 문장 그대로 SPEAK >))

 저희는 **자전거 타러 갈** 거예요.

We're gonna   .

 제 생각엔 그들이 **일부러** 차들을 세운 것 같아요.

I think they stopped the cars   .

 이제 **차들이 움직여도 된다고** 하고 있어요.

They are saying now   .

패턴으로 응용 SPEAK >))

➕ This is just a part of ~ 이건 그냥 ~의 한 부분이야

◀ **This is just a part of** living in South Korea.
이건 그냥 한국 생활의 한 부분이야.

◀ **This is just a part of** raising a cat.
이건 그냥 고양이 사육의 한 부분이야.

◀ **This is just a part of** surviving winter in Canada.
이건 그냥 캐나다 겨울살이의 한 부분이야.

그냥 재미 삼아
한번 해봤어.

#인형뽑기 #소확행

What?!!!

You got it.

Like my new purse?
I just wanted to see what it was.
And apparently it's like oh, you can put stuff in it?
I don't know. I only tried once just for fun.

Congrats.

Thanks.

Looks like Beemo. Looking good.

Sarah	뭐야?
Kyuho	네가 잡았어.
Sarah	내 새 핸드백 마음에 들어?
	난 그냥 이게 뭔지 알아보고 싶었을 뿐인데.
	보아 하니 이거... 오, 여기 안에 물건 넣을 수도 있는 거야?
	모르겠네. 그냥 재미 삼아 한번 해봤어.
Kyuho	축하해.
Sarah	고마워.
Kyuho	비모 닮았어. 좋아 보여.

Key Words & Expressions   purse 지갑, 핸드백   apparently 보아 하니, 딱 봐도
congrats 축하해 (비격식, congratulations의 줄임말)

핵심 문장 그대로 SPEAK ›››

 여기 안에 물건 넣을 수도 있는 거야?
You can   ?

 그냥 재미 삼아 한번 해봤어.
I only tried once   .

 축하해.
     .

패턴으로 응용 SPEAK ›››

➕ **I just wanted to see ~** 난 그냥 ~인지 알아보고 싶었을 뿐이야

◀ **I just wanted to see** what it was.
난 이게 뭔지 **알아보고 싶었을 뿐이야.**

◀ **I just wanted to see** what it tastes like.
난 이게 무슨 맛인**지 알아보고 싶었을 뿐이야.**

◀ **I just wanted to see** how fast Kyuho can fall asleep.
난 규호가 얼마나 빨리 잠드는**지 알아보고 싶었을 뿐이야.**

CHAPTER 4

아이스크림 먹으러 가자.

#캐나다에서 즐겨 먹던 #아이스크림

 Let's go get some ice cream.
That's all I need.

 Hey, this used to be a taco place.

Well, it's a good improvement, then.
Kyuho!

 What?

Ice cream cakes are here.

 Oh my God!

Remember those ones that you loved in Canada?

It smells like Canada in here.

Kyuho 아이스크림 먹으러 가자. 난 그거면 돼.
Kyuho 자기야. 여기 원래 타코집이었잖아.
Sarah 그럼 꽤 좋아진 거네.
　　　 규호야!
Kyuho 뭐?
Sarah 여기 아이스크림 케이크 있어.
Kyuho 세상에!
Sarah 네가 캐나다에서 좋아했던 것들 기억나?
Sarah 이 안에서 캐나다 같은 냄새가 나.

Key Words & Expressions　　used to + 동사 ~하곤 했다　improvement 개선, 향상

핵심 문장 그대로 SPEAK))

아이스크림 **먹으러 가자**.

                   some ice cream.

난 그거면 돼.

That's   .

여기 타코집**이었잖아.**

This   a taco place.

패턴으로 응용 SPEAK))

➕ It smells like ~ ~같은 냄새가 나

◀ **It smells like** Canada in here.

이 안에서 캐나다 **같은 냄새가 나.**

◀ **It smells like** fried chicken in this elevator.

이 엘리베이터에서 프라이드 치킨 **같은 냄새가 나.**

◀ **It smells like** it's going to rain soon.

곧 비가 올 것 **같은 냄새가 나.**

하나씩 바꿔 먹을래?

#가성비 샌드위치 #통신사 할인

 These sandwiches are actually pretty decently priced, not like the 15-dollar sandwiches at 남부 terminal.

Right, and we get discounts. Telecome discounts.

 So two sandwiches are less than the price of one sandwich at that other place. And there's our 'Flying Pan', but we felt like sandwiches today, so...

 So do you wanna swap one and one?

 These are kind of big.
They're bigger than I remember.

Yes. Let's do that.

Now, let's work out.

Sarah 이 샌드위치는 사실 꽤 괜찮은 가격이네. 남부터미널에서 파는 15달러짜리 샌드위치와는 다르게.

Kyuho 맞아, 그리고 할인도 받아. 통신사 할인.

Sarah 샌드위치 두 개 가격이 다른 데 샌드위치 하나 가격보다 싸네요.
그리고 저기 저희가 좋아하는 '플라잉 팬'이네요, 근데 오늘은 샌드위치가 먹고 싶었어요.

Sarah 하나씩 바꿔 먹을래?

Kyuho 응. 그렇게 하자.

Sarah 이거 꽤 커. 내가 기억하는 것보다 크네.

Kyuho 자, 이제 운동하자.

Key Words & Expressions decently priced 가격이 괜찮은 discount 할인 swap 바꾸다. 교환하다

핵심 문장 그대로 SPEAK 🔊

 할인도 받아. **통신사 할인.**
We get discounts.   .

 하나씩 바꿔 먹을래?
Do you wanna   ?

 운동하자.

                      .

패턴으로 응용 SPEAK 🔊

➕ feel like ~ ~하고 싶어

◀ We **felt like** sandwiches today.
우린 오늘 샌드위치가 먹고 **싶었어.**

◀ I **feel like** going for a walk.
나는 산책을 가고 **싶어.**

◀ Kyuho **felt like** cooking bibimbap for lunch.
규호는 점심식사로 비빔밥을 만들고 **싶었어.**

시간 낭비예요.

#생활용품점 쇼핑 #한국인들의 가위 사용법

When I first came to Korea, one of the major culture shocks for me is that Koreans use scissors a lot to cut food, whether it's meat or vegetables.

I don't know if many people do it in Canada, but we only use it for cutting paper or like plastic to open a package.

Then I fell in love with it and I will not go back ever to cutting those things with a knife, it's a waste of time.

Sarah 제가 한국에 처음 왔을 때 가장 문화충격이 컸던 것 중 하나가 한국인들은 음식을 자르기 위해 가위를 많이 사용한다는 거였어요. 그게 고기든 야채든지요.

Sarah 캐나다에서도 많은 사람들이 가위를 사용하는지는 모르겠지만 저희는 포장지 열 때 종이나 비닐을 자르는 용도로만 사용해요.

Sarah 그리고 저는 가위와 사랑에 빠져서 예전처럼 다시 칼로 자르는 일은 절대 없을 거예요. 시간 낭비예요.

Key Words & Expressions   major 중요한   fall in love with ~와 사랑에 빠지다   waste 낭비

핵심 문장 그대로 SPEAK ⟯⟯

 그리고 그것과 **사랑에 빠졌어요**.

Then I _____ it.

 그런 것들을 **예전처럼 다시** 칼로 자르는 일은 **절대 없을 거예요**.

_____ to cutting those things with a knife.

 시간 낭비예요.

It's a _____ .

패턴으로 응용 SPEAK ⟯⟯

➕ **We only use it for** + 명사[동명사] 우리는 그것을 ~ 용도로만 사용해

◀ **We only use it for** cutting paper or plastic.
우리는 그것을 종이나 비닐 자르는 **용도로만 사용해**.

◀ **We only use it for** emergencies.
우리는 그것을 비상용으로만 **사용해**.

◀ **We only use it for** making baked potatoes.
우리는 그것을 감자구이 만드는 **용도로만 사용해**.

이건 손목에 차는 거야.

#생활용품점 쇼핑 #장바구니 문화

And look at this. Market bag.

See. Now, these days, Korea has really started to crack down on plastic and plastic bags.
So we can bring that everywhere with us, so there's no excuse not to use that.

You put it on your wrist.

Oh, my God! This is the most Korean thing I've ever seen in my life.

Oh my God, this is how you use it.

Kyuho	그리고 이것 좀 봐. 장바구니야.
Sarah	보세요. 요즘에 한국에서 플라스틱과 비닐봉지 사용에 대한 단속을 시작했어요. 그래서 저건 어디든지 가지고 다닐 수 있으니 저걸 사용하지 않을 핑계거리가 없죠.
Kyuho	이건 손목에 차는 거야.
Sarah	어머나! 내가 살면서 본 것 중에 가장 한국적인 거야.
Kyuho	세상에! 이렇게 사용하는 거야.

Key Words & Expressions these days 요즘에 crack down 엄중 단속하다 excuse 구실, 핑계
put+목적어+on ~에 차다, ~에 끼우다

핵심 문장 그대로 SPEAK ᠉)

우리는 **저걸 어디든지 가지고 다닐** 수 있어요.
We can _____ with us.

저걸 사용하지 않을 **핑계거리가 없죠**.
There's _____ not to use that.

이건 손목에 **차는 거야**.
You _____ your wrist.

패턴으로 응용 SPEAK ᠉)

➕ **This is how** ~ 이렇게 ~하는 거야

◀ **This is how** you use it.
이거 **이렇게** 사용하는 **거야**.

◀ **This is how** they bake chocolate chip cookies.
그들은 초콜릿 칩 쿠키를 **이렇게** 구워.

◀ **This is how** I style my hair with wax.
나는 왁스로 **이렇게** 헤어스타일을 만들어.

너희는 어째서 살이 안 쪄?

#체형 관리 비법 #걷기

We decided to take the shady route.

A lot of people asked us,
"How come you guys don't gain weight
after eating all that fatty food?"

Ohh! Yeah, we do get that kind of question.

We do walk a lot. That's I guess… number one thing,
cuz I realize whenever we go to Canada,
we go to places by car. Everywhere! You can't walk.

Yeah. Cuz Canada's so big and spaced out.

Sarah	저희 그늘 길로 가기로 했어요.
Kyuho	많은 분들이 물으셨는데 "너희들은 어째서 그렇게 기름진 음식을 먹고도 살이 안 쪄?"
Sarah	오! 맞아요, 저희 정말 그런 질문 받아요.
Kyuho	저희 많이 걸어요. 아마 그게 첫 번째일 거예요. 왜냐하면 제가 깨달은 건 저희 캐나다에 갈 때마다 여기저기 갈 때 차로 다녀요. 모든 곳이요! 걸을 수가 없어요.
Sarah	네. 캐나다는 아주 커서 (곳곳마다) 많이 떨어져 있어요.

Key Words & Expressions   shady 그늘진   gain weight 살찌다   fatty 기름진   spaced out 간격이 넓은

핵심 문장 그대로 SPEAK))

 저희 **그늘 길로 가기로** 했어요.
We decided to   .

 저희 정말 **그런 질문 받아요**.
We do   .

 여기저기 차로 다녀요.
We go to   .

패턴으로 응용 SPEAK))

➕ **How come ~?** 어째서 ~해?

◀ **How come** you guys don't gain weight?
너희는 **어째서** 살이 안 쪄?

◀ **How come** you haven't watched *Parasite* yet?
너 **어째서** 아직도 〈기생충〉을 안 봤어?

◀ **How come** he hasn't been drinking alcohol lately?
그는 **어째서** 요즘에 술을 안 마신 거야?

너희는 거의 먹질 않아.

#한국 vs. 캐나다 #1인분 양

Also, I guess the portion size is different in Canada, in America.

Yes! And we get a lot of comments like that. "You guys barely eat.
Look at that portion size.
I could have three of those."
And I'm like, "Well, this is what the portion size is like in Korea.
And for me, this is comfortable."

Kyuho 게다가, 1인분 양이 캐나다와 미국에선 다른 거 같아요.
Sarah 맞아요! 저희 그런 댓글 많이 받아요.
"두 사람은 거의 먹질 않네요. 1인분 양을 좀 봐요.
난 저거 세 개는 먹겠어요."
그럼 저는 이러죠. "음 한국에선 1인분 양이 이렇답니다.
그리고 저에겐 이게 편해요."

Key Words & Expressions   portion size 1인분 양, 1회 분량   barely 거의 ~ 않다   comfortable 편한

핵심 문장 그대로 SPEAK 》)

 1인분 양이 캐나다와 달라요.

_____ is different in Canada.

 저희 그런 **댓글 많이 받아요**.

We _____ like that.

 너희는 **거의 먹질 않아**.

You guys _____ .

패턴으로 응용 SPEAK 》)

➕ This is what ~ is like in + 장소 …에서는 ~가 이래

◀ **This is what** the portion size **is like in** Korea.
한국에선 1인분 양이 이래.

◀ **This is what** the pizza size **is like in** Canada.
캐나다에선 피자 크기가 이래.

◀ **This is what** the winters **are like in** Nova Scotia.
노바스코샤에선 겨울이 이래.

이 좋은 날씨의
혜택을 누려보자.

#봄이 가기 전 #날씨 즐기기

I'm already tired.
Time to go back home and take a nap.

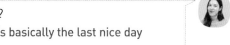

Already?
So this is basically the last nice day
before next spring, and we're grumpy
because we both don't really like
the fall-winter season, it's cold. So we
thought yeah, let's take advantage of this.

Kyuho 나 벌써 힘들어. 집에 돌아가서 낮잠 잘 시간이야.

Sarah 벌써?
오늘이 요컨대 다음 봄이 오기 전까지 날씨 좋은 마지막 날이에요.
그래서 저희는 심통이 났어요.
왜냐면 저희 둘 다 가을과 겨울 시즌은 그리 안 좋아하거든요. 추워요.
그래서 저희는 그래 이 좋은 날씨의 혜택을 누려보자고 생각했어요.

Key Words & Expressions   take a nap 낮잠 자다   grumpy 우울한, 심술 부리는
take advantage of ~을 이용하다, 혜택을 누리다

핵심 문장 그대로 SPEAK))

 오늘이 요컨대 다음 봄 전까지 **날씨가 좋은 마지막 날**이에요.

This is basically   before next spring.

 저희는 **심통이 났어요**.

We're   .

 이 **혜택을 누려보자**.

Let's   this.

CHAPTER 4

패턴으로 응용 SPEAK))

➕ Time to ~ ~할 시간이야

◀ **Time to** go back home and take a nap.
집에 돌아가서 낮잠 잘 **시간이야**.

◀ **Time to** study English at the library.
도서관에서 영어 공부할 **시간이야**.

◀ **Time to** cook dinner before we get too hungry.
우리가 너무 배고파지기 전에 저녁 요리할 **시간이야**.

어쩔 수 없었어.

#비 오는 날 #우체국 가는 길

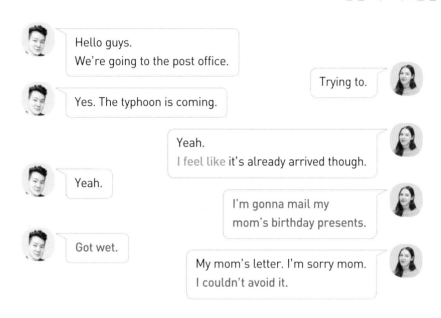

Hello guys.
We're going to the post office.

Trying to.

Yes. The typhoon is coming.

Yeah.
I feel like it's already arrived though.

Yeah.

I'm gonna mail my
mom's birthday presents.

Got wet.

My mom's letter. I'm sorry mom.
I couldn't avoid it.

Kyuho   여러분 안녕하세요. 저희는 우체국에 가고 있어요.
Sarah   그러려고 노력하고 있죠.
Kyuho   네. 태풍이 오고 있어요.
Sarah   네. 근데 태풍이 이미 도착한 것 같은 느낌이에요.
Kyuho   맞아.
Sarah   엄마 생일 선물을 우편으로 보내려고요.
Kyuho   젖었네.
Sarah   엄마한테 쓴 편지인데요. 엄마 미안해. 어쩔 수 없었어.

Key Words & Expressions   typhoon 태풍   wet 젖은   avoid 피하다

핵심 문장 그대로 SPEAK))

 엄마 생일 선물을 우편으로 보내려고요.

I'm gonna   .

 젖었네.

.

 어쩔 수 없었어.

.

패턴으로 응용 SPEAK))

➕ **I feel like ~**   난 ~하는 느낌이야

◀ **I feel like** it's already arrived though.

난 근데 이미 그게 도착한 것 같은 **느낌이야**.

◀ **I feel like** winter has already finished.

난 벌써 겨울이 끝난 **느낌이야**.

◀ **I feel like** I am going crazy.

난 미쳐 가는 **기분이야**.

상한 머리카락을 잘라내야 해요.

#머리 자르는 날 #미용실 가기

All right, we are in Hongdae today.
I have desperately needed a haircut
since before we went to Canada,
which is a really long time.

Need to get a trim.
Get those split ends off.

And Kyuho is gonna get his hair cut
too because it's about time for you
as well, so together we're gonna
get our hair cut. We never do this.

Sarah 자, 오늘 저희는 홍대에 왔어요. 저 꼭, 꼭 머리를 잘라야 했어요.
캐나다 가기 전부터요. 엄청 오래됐네요.

Sarah 다듬어야 해요. 상한 머리카락을 잘라내야 해요.

Sarah 규호도 머리를 자를 거예요. 왜냐면 너도 머리 자를 때가 됐어.
그래서 저희 둘 다 머리를 자를 거예요. 저희 같이 한 적은 없어요.

Key Words & Expressions   desperately 절실하게, 몹시   trim (머리를) 다듬기
split ends (모발) 갈라진 끝

112

핵심 문장 그대로 SPEAK))

다듬어야 해요.

Need to   .

상한 머리카락을 잘라내요.

Get those   off.

저희는 **머리를 자를** 거예요.

We're gonna   .

패턴으로 응용 SPEAK))

➕ It's about time ~ ~할 때가 됐어

◀ **It's about time** for you as well.

너도 해야 할 **때가 됐어.**

◀ **It's about time** to meet up with my friends for drinks.

친구들과 만나서 술을 마실 **때가 됐어.**

◀ **It's about time** for me to apologize to her.

그녀에게 사과할 **때가 됐어.**

먹을 데가
진짜 많아요.

#홍대 데이트 #홍대 먹거리

 We'll definitely come back.

Oh yeah, there are tons of places to eat. The only thing that's bad is their streets are really narrow so...

I was just checking out the menu for that cake shop. I am still full, but I was still thinking about food. That's pretty bad.

Kyuho   우리 분명히 다시 오겠다.

Sarah   맞아, 먹을 데가 진짜 많아.
          안 좋은 점 딱 하나는 이곳 도로가 정말 좁아서...

Sarah   저 케이크 가게 메뉴를 확인하고 있었어요.
          아직 배가 부른데도 여전히 음식 생각하고 있었어요.
          꽤 심각하네요.

Key Words & Expressions   tons of 아주 많은, 다수의   narrow 좁은   check out 확인하다, 한번 보다

핵심 문장 그대로 SPEAK ⑴

 먹을 데가 진짜 많아.

There are   to eat.

 그 도로들이 **정말 좁아요.**

Their streets are   .

 저 아직도 배가 불러요.

          .

패턴으로 응용 SPEAK ⑴

➕ **I was just checking out ~** 난 그냥 ~를 확인하고 있었어

◀ **I was just checking out** the menu for that cake shop.
난 그냥 저기 케이크 가게 메뉴를 확인하고 있었어.

◀ **I was just checking out** the hotel reviews online.
난 그냥 온라인으로 호텔 후기를 확인하고 있었어.

◀ **I was just checking out** this new series on Netflix.
난 그냥 넷플릭스에서 이 새로운 시리즈를 확인하고 있었어.

목이 아프네요.

#서울의 공기 #대기오염

For the last three days, the air quality
has been pretty bad, so we couldn't really go out.
We had to just come back right after work and
my throat is actually hurting.

It's bad, guys. Like, it's real bad,
this is probably the worst I've ever seen.

It's either warm bad pollution,
or it's super cold with clean air.

Yes, I don't know, since coming here
it's been the worst I've ever experienced.

Kyuho   지난 사흘 동안 공기의 질이 아주 좋지 않아서 외출할 수가 없었어요.
일이 끝나고 바로 돌아와야 했는데 제 목이 실제로 아프네요.

Sarah   여러분, 안 좋아요. 정말 안 좋아요.
아마 제가 본 중에서 가장 안 좋았던 것 같아요.

Kyuho   따뜻하고 공기가 안 좋거나, 아니면 엄청 춥고 깨끗한 공기인 거 같아요.

Sarah   네, 모르겠지만, 제가 한국 와서 겪은 중 가장 안 좋은 것 같아요.

Key Words & Expressions   air quality 공기의 질 hurt 아프다 pollution 공해. 오염

핵심 문장 그대로 SPEAK ﹚))

우리는 **일이 끝나고 바로** 돌아와야 했어요.
We had to just come back   .

제 목이 **실제로 아프네요.**
My throat is   .

아마 제가 본 중에서 가장 안 좋았던 것 같아요.
This is probably   .

패턴으로 응용 SPEAK ﹚))

➕ It's either *A* or *B* A이거나, 아니면 B야

◀ **It's either** warm with bad pollution, **or** it's super cold with clean air.
따뜻하고 공기가 안 좋**거나, 아니면** 엄청 춥고 깨끗한 공기야.

◀ **It's either** hot sauce **or** mayonnaise on the sandwich.
샌드위치에는 핫소스 **아니면** 마요네즈야.

◀ **It's either** waking up at 5 a.m. **or** missing your flight.
새벽 5시에 일어나**거나, 아니면** 비행기를 놓치거나야.

서양 문화에는 이런 게 없어.

#한국에만 있는 #회식 문화

 We came for 회식. How should I explain 회식 in English?

 There is no such thing in Western culture so...

A company dinner?

Yeah.

But anyway, it's like company people gather up for dinner.

We are here with our radio peeps.

 Let's go.

Kyuho	회식 하러 왔어요. 회식을 영어로 어떻게 설명하지?
Sarah	회사 저녁식사?
Kyuho	서양 문화권에서는 이런 게 없어서...
Sarah	맞아.
Kyuho	아무튼, 이건 회사 사람들이 저녁식사를 위해 모이는 것 같은 거예요.
Sarah	저희는 라디오 방송하는 사람들과 함께 왔어요.
Kyuho	가자.

Key Words & Expressions　company dinner 회식　gather up 모이다　peeps 사람들(people)

핵심 문장 그대로 SPEAK »)

 서양 문화에는 **이런 게 없어**.

                                 in Western culture.

 이건 회사 사람들이 **저녁식사를 위해 모이는** 것 같은 거야.

It's like company people   .

 저희는 **라디오 방송하는 사람들**과 함께 여기에 왔어요.

We are here with our   .

패턴으로 응용 SPEAK »)

⊕ **How can I explain ~?** ~를 어떻게 설명하지?

◀ **How can I explain** 회식 in English?

  회식을 영어로 **어떻게 설명하지**?

◀ **How can I explain** the taste of sesame oil?

  참기름 맛을 **어떻게 설명하지**?

◀ **How can I explain** how this new phone works?

  이 새 전화기가 어떻게 작동하는지 **어떻게 설명하지**?

친구 한 명이 영상업계에서 일해요.

#규호 친구의 러브콜 #광고 촬영

Hello guys. Today I have a modeling job. It's a commercial. Game Commercial.

And one of my friends works in film industry. And he was kind enough to contact me for this position.

Unfortunately, Sarah couldn't come with me.

Kyuho, his friend called him the other day and asked if we wanted to be in this commercial, game commercial or something?

And I couldn't because I have work today, later on in the evening. But Kyuho's schedule was open today, so he's gone to film in this commercial.

Kyuho	여러분 안녕하세요. 오늘은 저 모델 일이 있어요. 광고예요. 게임 광고요. 친구 한 명이 영상업계에서 일하고 있어요. 정말 친절하게도 이 자리를 위해 저한테 연락했어요. 안타깝게도 세라는 저와 함께 오지 못했어요.
Sarah	규호는 저번에 친구가 전화해서 광고에 출연하고 싶은지 물었어요. 게임 광고인가? 저는 오늘 저녁에 일이 있어서 못하게 됐지만 규호는 오늘 일정이 비어서 이 광고를 촬영하기 위해 갔어요.

Key Words & Expressions   commercial 광고   flim 촬영(하다)   position 일자리, 위치

핵심 문장 그대로 SPEAK ›))

친구 한 명이 **영상업계에서 일해요**.

One of my friends   .

저번에 친구가 그에게 전화했어요.

His friend called him   .

규호는 오늘 일정이 **비어 있었어요**.

Khuho's schedule   today.

패턴으로 응용 SPEAK ›))

➕ 형용사+enough to ~   아주 …해서 ~한

◀ He was **kind enough to** contact me for this position.

그는 **아주 친절해서** 이 자리를 위해 나한테 연락했어.

◀ They were **wealthy enough to** buy a private jet.

그들은 **아주 부유해서** 전용기를 샀어.

◀ She was **thoughtful enough to** send me presents on my birthday.

그녀는 **배려심이 아주 깊어서** 내 생일에 선물을 보냈어.

내 것보다 훨씬 커.

#꽃시장 #화초 고르기

All right. These are all the greenhouses
and I'm gonna be honest,
I have no idea which one to start with.

Oh, it smells spring.

Smells so good in here. Oh, there's cactuses.

Oh, there are a lot of cactuses.

They are way bigger than mine.

I want these at home.

Sarah	자, 여긴 모두 온실이고 솔직하게 말해서 어느 온실부터 가봐야 할지 전혀 모르겠어요.
Kyuho	오, 봄 냄새가 나.
Sarah	여기서 아주 좋은 냄새가 나. 오, 선인장이 있어.
Kyuho	오, 선인장 많네.
Sarah	내 것보다 훨씬 커.
Kyuho	이것들이 집에 있으면 좋겠어.

Key Words & Expressions   greenhouse 온실   cactus 선인장   way+**비교급** 훨씬 더 ~한

핵심 문장 그대로 SPEAK))

 어느 것부터 시작해야 할지 전혀 모르겠어요.
I have no idea   .

 그것들이 내 것보다 **훨씬 커**.
They are   than mine.

 이것들이 집에 **있으면 좋겠어**.
I   at home.

패턴으로 응용 SPEAK))

➕ Smells so ~ 아주 ~한 냄새가 나

◀ **Smells so** good in here.
여기서 **아주** 좋은 **냄새가 나**.

◀ **Smells so** musty in this small room.
이 작은 방에서 **아주** 퀴퀴한 **냄새가 나**.

◀ **Smells so** delicious in this bakery.
이 빵집에서 **아주** 맛있는 **냄새가 나**.

여기가 바로 찐맛집!

여기 TV 프로그램에 나온 그 맛집이야.

This is that great restaurant that was on TV.

번호표 받아서 기다려야 해.

We'll have to take a number and wait.

벌써 음식이 다 떨어졌어.

They ran out of food already.

여기 분위기 좋은데.

This place has a nice vibe.

맛있는데 양이 너무 적네.

It's delicious, but the portion sizes are too small.

소문대로 맛있네.

This restaurant is as good as people say.

기다린 보람이 있네.

It was worth the wait.

내 입맛엔 그냥 그런데.

This is just so-so for me.

망했나 봐.

They must have gone out of business.

나는야 프로 주문러

이걸로 2인분 주세요.

Two servings of this one, please.

너무 맵지 않게 해주세요.

Please don't make it too spicy.

후추는 넣지 말아주세요.

Please don't add pepper.

돼지고기 안 들어간 요리 있어요?

Do you have a dish that doesn't have pork in it?

이거 제가 주문한 거 아닌데요.

This is not what I ordered.

음식에서 쉰 냄새가 나는 것 같아요.

I think the food smells a bit off.

이거 포장해주실래요?

Could you box this up for me?

따로따로 계산해주세요.

Separate bills, please.

계산서 잘못된 것 같아요.

I think there was a mistake with the bill.

Homebodies

이거 오늘 아침에 막 도착했어요.

#셀프 인테리어 #욕실 선반 설치

 We bought a shower rack.
It just arrived this morning.
Kyuho woke up immediately
and started assembling it.

It's my duty.

 It's your hobby.

 Very nice. Good job.
Are you putting it in right now?

 He can't even wait!

Of course.

Sarah	저희 욕실 선반을 샀어요. 이거 오늘 아침에 막 도착했어요. 규호는 바로 일어났고 조립하기 시작했어요.
Kyuho	제 의무예요.
Sarah	너의 취미지.
Sarah	아주 좋아. 잘했어. 지금 바로 넣을 거야?
Kyuho	당연하지.
Sarah	규호는 기다리지도 못하네요!

Key Words & Expressions arrive 도착하다 immediately 바로, 즉시 assemble 조립하다 duty 의무

핵심 문장 그대로 SPEAK))》

 이거 오늘 아침에 **막 도착했어요.**

It _____ this morning.

 규호는 **바로 일어났어요.**

Kyuho _____ .

이 **그거** 지금 바로 **넣을 거야?**

Are you _____ right now?

패턴으로 응용 SPEAK))》

➕ **can't even** ~   ~하지도 못해

◀ He **can't even** wait!

그는 기다리**지도 못해**!

◀ We **can't even** imagine buying a house.

우리는 집을 사는 건 상상하**지도 못해**.

◀ She **can't even** find her own laptop.

그녀는 자기 노트북을 찾**지도 못해**.

우리 해낼 수 있어.

#집콕템 #퍼즐 맞추기

We always wondered who's gonna buy this puzzle in the dollar store.

Yeah. I always wondered who buys them, and apparently it's us now.
All right. Yeah, I think we can manage this.

Oh yeah!

This is the big moment.

It's almost done.

Oh my god. It's happening.

Done.

Wait. We're not finished yet.

Kyuho	우리 항상 누가 이런 퍼즐을 천원상점에서 살까 궁금했잖아.
Sarah	맞아. 나도 항상 누가 이걸 사나 궁금했는데 보다시피 이제 그게 우리네.
	좋아. 내 생각에 우리 해낼 수 있어.
Sarah	엄청난 순간이야.
Kyuho	그렇지!
Sarah	이럴 수가. 되고 있어.
Kyuho	거의 다 끝났어.
Sarah	잠시만. 우리 아직 안 끝났어.
Kyuho	끝.

Key Words & Expressions apparently 딱 봐도, 보이는 대로 manage 해내다

핵심 문장 그대로 SPEAK »))

내 생각에 **우리 해낼 수 있어.**

I think   .

엄청난 순간이야.

This is the   .

거의 다 끝났어.

          .

패턴으로 응용 SPEAK »))

➕ **I always wondered ~** 난 항상 ~하나 궁금했어

◀ **I always wondered** who buys them.
난 **항상** 누가 이걸 사나 **궁금했어.**

◀ **I always wondered** who actually eats this.
난 **항상** 누가 이걸 실제로 먹나 **궁금했어.**

◀ **I always wondered** what Canadians do in the winter.
난 **항상** 캐나다 사람들이 겨울에 뭐 하나 **궁금했어.**

들어가.

#집사 일상 #비모집 설치

 It's not finished yet. Hey, wait!

 Whoa, Beemo, look at this!

Go in.

 What is this?
Whoa, look at this. Oh my god.
All the way to the top. Ohh!

Oh. He figured it out.

 Yeah, he knows.

Sarah	아직 안 끝났어. 야, 기다려!
Sarah	우와, 비모야, 이것 좀 봐!
Kyuho	들어가.
Sarah	이게 뭐게? 우와, 이것 좀 봐. 세상에. 꼭대기까지 쭉. 오!
Kyuho	오. 얘 알아냈어.
Sarah	응, 얘도 아네.

Key Words & Expressions   go in 들어가다   figure out 알아내다, 이해하다

핵심 문장 그대로 SPEAK »)

 아직 안 끝났어.

It's   .

 들어가.

                    .

 그는 그걸 **알아냈어**.

He   it   .

패턴으로 응용 SPEAK »)

➕ **all the way to** ~ ~까지 쭉

◀ The cat climbed **all the way to** the top of the tree.
고양이가 나무 꼭대기**까지 쭉** 올라갔어.

◀ Sarah and I are planning on traveling **all the way to** Spain.
세라와 나는 스페인**까지 쭉** 여행할 계획이야.

◀ You can take the cable car **all the way to** the top of the mountain.
케이블카 타고 산꼭대기**까지 쭉** 갈 수 있어.

괜찮아.

#홈베이킹 #바나나 브레드

It's all good?

There we go. We'll just leave it there and let it cool properly.
I'm gonna cut off the ends first, OK?
Yeah, the color looks good inside.

Oh my god!

You get the first piece, OK?

Kyuho's the one who cooks, I'm the one who bakes.

Thanks for making it again.

No worries. We had to make use of those old bananas, so why not.

Kyuho 다 괜찮아?

Sarah 자 됐다. 여기에 그냥 놓고 제대로 식도록 내버려 둘 거예요.
가장자리부터 잘라낼게, 알았지? 그래, 안에 색은 좋네.

Kyuho 대박!

Sarah 네가 첫 조각은 먹어봐.

Sarah 규호가 요리하는 사람이고 저는 빵을 굽는 사람이에요.

Kyuho 또 만들어줘서 고마워.

Sarah 괜찮아. 이 오래된 바나나들 활용해야 했어.
안 할 이유가 없었지.

Key Words & Expressions   properly 제대로   cut off 잘라내다   make use of 활용하다

핵심 문장 그대로 SPEAK 》

 먼저 **가장자리를 잘라낼게**, 알았지?

I'm gonna   first, OK?

 괜찮아.

       .

 이 오래된 바나나들 **활용해야** 했어.

We had to   those old bananas.

패턴으로 응용 SPEAK 》

➕ the one who ~ ~하는 사람

◀ Kyuho's **the one who** cooks, I'm **the one who** bakes.

규호가 요리하는 **사람**이고 나는 빵을 굽는 **사람**이야.

◀ Sarah's **the one who** works, I'm **the one who** drinks.

세라가 일하는 **사람**이고 나는 술 마시는 **사람**이야.

◀ Lowell's **the one who** works out, Kyuho's **the one who** sleeps.

로웰이 운동하는 **사람**이고 규호는 자는 **사람**이야.

성가시게 안 할게.

#장난꾸러기 반려묘 #침대 정리

You have to get up.
We have to make the bed.
This is always what happens when
we try to make the bed in the morning.

OK, OK, I won't bother you.
I will lure him...

This is the only way.

Your favorite. Yes, there you go.

Fold it?

Sarah	너 일어나야 해.
	우리 이불 개야 해.
	아침에 이불 개려고 하면 항상 이래요.
Kyuho	알았어, 알았어, 성가시게 안 할게.
	내가 유인할게.
Sarah	이게 유일한 방법이죠.
Kyuho	네가 가장 좋아하는 거야. 그래, 그렇지.
Sarah	접어?

Key Words & Expressions   make the bed 침대를 정리하다, 이불을 개다   bother 성가시게 굴다
lure 유혹하다, 꾀다   fold 접다

핵심 문장 그대로 SPEAK))

 우리 **이불 개야 해**.
We have to   .

 성가시게 안 할게.
I won't   .

 이게 **유일한 방법**이죠.
This is   .

패턴으로 응용 SPEAK))

➕ This is always what happens when ~ ~할 땐 항상 이런 일이 일어나

◀ **This is always what happens when** we try to make the bed.
아침에 이불 개려고 **할 땐 항상 이런 일이 일어나**.

◀ **This is always what happens when** you try to multitask.
동시에 여러 일을 하려고 **할 땐 항상 이런 일이 일어나**.

◀ **This is always what happens when** I go to bed too late.
너무 늦게 잠자리에 **들 땐 항상 이런 일이 일어나**.

아주 만족스러워.

#봄맞이 #뾱뾱이 안녕

It's one of our favorite times of year.
It's time. Oh yes!
The bubble wrap insulation that we put up for winter.
I think it's warm enough to take it off now.

Satisfying?

So satisfying.

Oh, it's nice to be able to see clearly.
Ooh, there's blossoms out there.
You see those? Look at these.

Let's reuse this for upcoming winter.

Sarah	연중 가장 좋아하는 시기예요.
	그 시간이 왔어요. 우와!
	겨울에 붙였던 단열재 뾱뾱이요.
	이젠 떼도 될 정도로 따뜻해진 것 같아요.
Sarah	만족스러워?
Kyuho	아주 만족스러워.
Sarah	선명하게 볼 수 있게 돼서 좋다.
	밖에 꽃이 폈네.
	저것들 보여? 이것들 좀 봐.
Kyuho	이건 다가올 겨울을 위해 다시 사용하자.

Key Words & Expressions insulation 단열(재) satisfying 만족스러운 blossom 꽃

핵심 문장 그대로 SPEAK))

 연중 우리가 **가장 좋아하는** 시기예요.
It's one of our   .

 아주 **만족스러워**.
So   .

 밖에 **꽃이 폈네**.
                         out there.

패턴으로 응용 SPEAK))

➕ **It's nice to be able to ~** ~할 수 있게 돼서 좋아

◀ **It's nice to be able to** see clearly.
선명하게 볼 **수 있게 돼서 좋아**.

◀ **It's nice to be able to** eat Korean food again.
다시 한국 음식 먹을 **수 있게 돼서 좋아**.

◀ **It's nice to be able to** work out again.
다시 운동할 **수 있게 돼서 좋아**.

비모가 내 의자 차지했어.

#집사 규호와 세라 #비모

 Beemo took my chair.

But now he switched, so maybe you can take it.

 No, he's gonna come and bug me again.

He heard us talking about it!

 See?

Yeah. No, you can't do it!

I hope you're comfortable.

Yeah, this is exactly what the process is like.

Kyuho	비모가 내 의자 차지했어.
Sarah	근데 이제 비모가 (자리를) 바꿨으니까 아마 이거 가져가도 될 거야.
Kyuho	아니야, 그럼 와서 또 나를 괴롭힐 거야.
Sarah	우리가 그 얘기하는 거 들었어!
Kyuho	내 말이 맞지?
Sarah	맞네. 너 의자 못 가져가겠다!
Sarah	편안하길 바래.
Sarah	그래요, 과정이 딱 이렇답니다.

Key Words & Expressions   take 가져가다, 차지하다 bug 귀찮게 하다, 괴롭히다 process 과정

핵심 문장 그대로 SPEAK))

비모가 내 의자 차지했어.

Beemo   .

그가 와서 또 나를 괴롭힐 거야.

He's gonna come and   again.

그는 우리가 그 얘기하는 거 들었어!

He   about it!

패턴으로 응용 SPEAK))

➕ This is exactly what ~   ~은 딱 이래

◀ **This is exactly what** the process is like.

과정이 **딱 이래**.

◀ **This is exactly what** Sarah told me to do.

세라가 나한테 하라고 말한 게 **딱 이거야**.

◀ **This is exactly what** kimchi should taste like.

김치는 **딱 이런** 맛이어야 해.

나 화장하려고 하고 있어.

#화장 #방해꾼 비모

Beemo, I'm trying to do my makeup.
Hey, you knocked over my banana.
I wish we could get cat shelves.

Seriously.

But, this isn't our apartment.

He's just being a cat.

Sarah	비모, 나 화장하려고 하고 있어.
	야, 네가 내 바나나 넘어뜨렸어.
	고양이 선반을 놓을 수 있으면 좋겠어.
Kyuho	진심으로.
Sarah	근데 이건 우리 집이 아니잖아.
Kyuho	얘 딱 고양이 짓 하고 있네.

Key Words & Expressions   starve 굶기다, 굶주리다   knock 쓰러뜨리다   shelves 선반들(shelf의 복수형)

핵심 문장 그대로 SPEAK))

 나 **화장하려고** 하고 있어.

I'm trying to   .

 네가 내 바나나 **넘어뜨렸어**.

You   my banana.

 얘 딱 **고양이 짓** 하고 있네.

He's just   .

패턴으로 응용 SPEAK))

➕ I wish we could ~ 우리가 ~할 수 있으면 좋겠어

◀ **I wish we could** get cat shelves.

우리가 고양이 선반을 놓을 **수 있으면 좋겠어**.

◀ **I wish we could** travel every day.

우리가 매일 여행 갈 **수 있으면 좋겠어**.

◀ **I wish we could** buy an apartment in Gangnam.

우리가 강남에 아파트를 살 **수 있으면 좋겠어**.

그냥 오늘 빵이
먹고 싶었어요.

#빵 당기는 날 #빵덕후

 This is for you Kyuho.

Thank you.

 Do you want cheese on it little bit?

Yes.

 Or do you want Havarti cheese?
I just felt like bread today.
I haven't eaten bread like this in a long time.

But we just had sandwiches.

Sarah	이거 규호 네 거야.
Kyuho	고마워.
Sarah	위에 치즈 조금 올려줄까?
Kyuho	응.
Sarah	아니면 하바티 치즈 원해?
	그냥 오늘 빵이 먹고 싶었어요.
	이런 빵을 안 먹은 지 오래됐어요.
Kyuho	우리 좀 전에 샌드위치 먹었잖아.

Key Words & Expressions   feel like (음식) ~가 먹고 싶은 기분이다   in a long time 오랫동안

핵심 문장 그대로 SPEAK))

이거 규호 네 거야.

This is   Kyuho.

그 위에 치즈 조금 올려줄까?

Do you want   little bit?

그냥 오늘 빵이 먹고 싶었어요.

I just   today.

패턴으로 응용 SPEAK))

➕ **I haven't p.p. in a long time** 나 ~ 안 한 지 오래됐어

◀ **I haven't eaten** bread like this **in a long time**.

나 이런 빵을 안 먹은 **지 오래됐어**.

◀ **I haven't seen** her **in a long time**.

나 그녀를 안 만난 **지 오래됐어**.

◀ **I haven't had** a vacation **in a long time**.

나 휴가를 안 간 **지 오래됐어**.

캐나다로 떠나요.

#출국 전 #짐 싸기

This is enormous.

And there's another suitcase in this suitcase.

We leave for Canada on Tuesday and today is Saturday, so we've seriously gotta get packing.

Kyuho is making his list of things to bring.
I always do the same, but I have to write it down physically or else I can't remember as well.

Kyuho	이거 엄청 크네.
Sarah	그리고 이 여행 가방 안에 여행 가방이 또 들어 있어.
Sarah	저희 화요일에 캐나다로 떠나고 오늘은 토요일이니 저희 정말 짐 싸기 시작해야 해요.
Sarah	규호는 가져가야 할 목록을 적고 있어요. 저도 항상 똑같이 하는데 저는 실제로 적지 않으면 잘 기억하지 못해요.

Key Words & Expressions enormous 거대한, 막대한 leave for ~로 떠나다 seriously 심각하게, 정말 physically 물리적으로, 실제로

핵심 문장 그대로 SPEAK))

이거 **엄청 크네**.

This is   .

저희 화요일에 **캐나다로 떠나요**.

We   on Tuesday.

규호는 가져가야 할 **목록을 적고 있어요**.

Kyuho is   of things to bring.

패턴으로 응용 SPEAK))

➕ have/has gotta ~ ~해야 해

◀ We**'ve** seriously **gotta** get packing.

우리 정말 짐 싸기 시작해**야 해**.

◀ You**'ve gotta** check out this restaurant!

넌 이 식당 가봐**야 해**!

◀ She**'s gotta** take a break after a workout.

그녀는 운동 후 쉬어**야 해**.

첫 데이트를 했어요.

#첫 데이트 #기념일

 Are we really gonna light these candles?

Yeah.

 So, five years ago today,
we went on our first date and
Kyuho asked me out.

Time flies.

 We're old, man.
This is us, so we're gonna celebrate with cake.

Well, basically it's just an excuse to eat cake.

 Yes! That's exactly what it is.

Sarah	우리 정말 촛불 켜는 거야?
Kyuho	응!
Sarah	5년 전 오늘, 저희는 첫 데이트를 했는데 규호가 저한테 데이트하자고 했어요.
Kyuho	시간 빨리 지나가네.
Sarah	우리 늙었어. 이게 저희예요, 그래서 케이크로 축하할 거예요.
Kyuho	글쎄요, 요컨대 이건 그냥 케이크를 먹기 위한 핑계죠.
Sarah	맞아요! 딱 그거예요.

Key Words & Expressions ask+사람 목적어+out ~에게 데이트 신청하다 celebrate 축하하다, 기념하다
basically 요컨대 excuse 핑계

핵심 문장 그대로 SPEAK 》》

우리 정말 **촛불 켜는** 거야?

Are we really gonna   ?

저희는 첫 **데이트를 했어요.**

We   our first   .

이건 그냥 케이크를 **먹기 위한 핑계죠.**

It's just an   cake.

패턴으로 응용 SPEAK 》》

➕ **ask *A* out** A에게 데이트하자고 말하다

◀ Kyuho **asked** me **out.**

규호가 나에게 데이트하자고 했어.

◀ She finally **asked** him **out** for dinner.

그녀가 드디어 그에게 저녁식사 데이트를 하자고 했어.

◀ He has **asked** her **out** twice this week.

그가 그녀에게 이번 주에 두 번 데이트하자고 했어.

엄청 맛있어.

#세라의 소울푸드 #된장찌개

Oh my god, boo!

This looks amazing.
I can't believe you made this.

I hope it's good.

Is it? If you say it is, then...

Oh, it's freakin' good.

It's good.

Whoa! Oh my god, this is so good.
This is just as good as the restaurant,
if not better.

Because it's 한우.

Sarah	어머나, 자기야!
Sarah	정말 맛있어 보여.
	자기가 이걸 만들었다니 믿기지 않아.
Kyuho	맛있었으면 좋겠어.
Kyuho	오, 엄청 맛있다.
Sarah	정말? 네가 그렇게 말한다면...
Kyuho	맛있다는 거지.
Sarah	우와! 대박. 이거 정말 맛있어.
	그 식당만큼 맛있어, 더 맛있지 않을진 몰라도.
Kyuho	왜냐면 한우라서 그래.

Key Words & Expressions   boo 여자친구나 남자친구를 부르는 말   amazing 놀라운
freakin' (freaking의 줄임말) 엄청, 미친 듯이

핵심 문장 그대로 SPEAK))

 이거 **정말 맛있어 보여**.

This   .

 네가 이걸 만들었다니 **믿기지 않아**.

                    you made this.

 오, **엄청 맛있다**.

Oh, it's   .

패턴으로 응용 SPEAK))

➕ **as good as ~** ~만큼 훌륭한

◀ This is just **as good as** the restaurant.
이게 그 식당**만큼** 맛있어.

◀ The movie was not **as good as** I expected.
그 영화는 내가 기대했던 것**만큼** 좋진 않았어.

◀ Their new album was not **as good as** I was hoping.
그들의 새 앨범은 내가 바라던 것**만큼** 좋진 않았어.

중불로 놓았어요.

#규호의 어글리 키친 #요리

Hello, guys. Welcome to *Kyuho's Ugly Kitchen Episode 3*.
It's been a while since I made one of these videos.
Today we're gonna make dubu kimchi.

Now, on our stove, I think I put the heat around medium.
And I'm just gonna leave it and let it simmer,
and then I'm gonna add these vegetables.

Ok, so it's been simmering for about seven minutes, I guess.
And I'm gonna add onions. Oops, Green onions too.

Kyuho	안녕하세요. 〈규호의 어글리 키친 3편〉에 오신 걸 환영해요. 이런 영상을 만든 지도 좀 됐네요. 오늘 저희는 두부 김치를 만들어볼 거예요.
Kyuho	자, 제 생각엔 가스레인지에 불을 중불 정도로 놓았던 거 같아요. 그리고 그냥 내버려둬서 부글부글 끓도록 할 거고 다음에 이 채소들을 추가할 거예요.
Kyuho	자, 7분 정도 끓고 있었던 거 같아요. 그리고 양파를 추가할 거예요. 아이고, 파도요.

Key Words & Expressions medium (가스레인지 불 세기의) 중 simmer 부글부글 끓다

핵심 문장 그대로 SPEAK))

 중불 정도로 **놓았어요**.

I ___ the heat around _____.

 그냥 내버려둬서 **부글부글 끓도록 할** 거예요.

I'm just gonna leave it and _____.

 양파를 추가할 거예요.

I'm gonna _____.

패턴으로 응용 SPEAK))

➕ **It's been a while since ~** ~한 지 좀 됐어

◀ **It's been a while since** I made one of these videos.
난 이런 영상을 만든 **지 좀 됐어**.

◀ **It's been a while since** we ordered fried chicken.
우리가 후라이드 치킨을 시킨 **지 좀 됐어**.

◀ **It's been a while since** she had friends over for dinner.
그녀는 저녁 먹으려고 친구들을 초대한 **지 좀 됐어**.

어떤 곳은 연중 무휴 24시간 영업해요.

#배달 앱 #음식 배달

We're hungry, so we're gonna order food.

So in Korea there're lots of apps like this.

Yeah, so we have like chicken, pizza, Korean food...
Whatever you wanna eat, we can order it anytime.
And some of the places are 24/7 so...
In Korea, you can actually order healthy food.

Yeah, that's the thing.
In Canada, when I think of food delivery,
I think of really unhealthy greasy fast food,
but in Korea, you can order really healthy
Korean meals.

Kyuho	저희 배고파서 음식을 주문할 거예요.
Sarah	한국에는 이런 앱들이 많이 있어요.
Kyuho	네, 여기에 치킨, 피자, 한식이 있고...
	먹고 싶은 거 아무거나 언제든 주문할 수 있어요.
	게다가 어떤 곳은 연중 무휴 24시간 영업해서...
	한국에서는 실제로 건강식을 주문할 수 있어요.
Sarah	네, 바로 그거예요.
	캐나다에서는 음식 배달을 생각하면
	정말 건강하지 않고 기름진 패스트푸드가 생각나는데요,
	하지만, 한국에서는 정말 건강한 한식을 주문할 수 있어요.

Key Words & Expressions   24/7 하루 24시간 주 7일   delivery 배달   greasy 기름진

핵심 문장 그대로 SPEAK ›))

먹고 싶은 거 아무거나 **언제든 주문**할 수 있어요.

Whatever you wanna eat, we can   .

어떤 곳은 **연중 무휴 24시간 영업**해요.

Some of the places are   .

네, **바로 그거**예요.

Yeah, that's   .

패턴으로 응용 SPEAK ›))

➕ **When I think of A, I think of B** A를 생각하면 B가 생각나

◀ **When I think of** food delivery, **I think of** fast food.
음식 배달을 **생각하면** 패스트푸드**가 생각나**.

◀ **When I think of** kimchi-jjigae, **I think of** my mom's cooking.
김치찌개**를 생각하면** 난 우리 엄마 요리**가 생각나**.

◀ **When I think of** summers in Canada, **I think of** the beach.
캐나다의 여름을 **생각하면** 난 해변**이 생각나**.

할로윈 장식을 떼야 해.

#할로윈 장식 떼기 #할로윈 호박

Well, seeing as it's now November,
we have to take down our Halloween decorations.

You didn't even hesitate!
I was trying to enjoy the last moment.
Hey, Kyuho! Don't ruin my decorations.
Don't be rough.

Oh, finally I don't have to see these stupid pumpkins.

Well, next month it will be Christmas stuff.

Sarah   이제 11월이니까, 할로윈 장식을 떼야 해.
Sarah   너 망설이지도 않고!
        나 마지막 순간을 즐기려고 했단 말이야.
        야, 규호! 내 장식들 망치지 마.
        거칠게 하지 마.
Kyuho   오, 드디어 이 바보 같은 호박들 안 봐도 되겠다.
Sarah   글쎄, 다음 달은 크리스마스 장식이야.

Key Words & Expressions   take down (해체하여) 치우다, 떼다   hesitate 망설이다   rough 거친

핵심 문장 그대로 SPEAK ⟩⟩⟩

할로윈 장식을 **떼야** 해.

We have to _____ our Halloween decorations.

너 **망설이지도** 않고!

You didn't _____ !

거칠게 하지 마.

Don't _____ .

패턴으로 응용 SPEAK ⟩⟩⟩

CHAPTER 5

⊕ **I was trying to** ~   나 ~하려고 했어

◀ **I was trying to** enjoy the last moment.
나 마지막 순간을 즐기려고 **했어**.

◀ **I was trying to** watch *Game of Thrones*.
나 〈왕좌의 게임〉을 보려고 **했어**.

◀ **I was trying to** get to work, but my bus was late.
나 일하러 가려고 **했는데** 버스가 늦게 왔어.

벌써 녹고 있어.

#첫눈 오는 날 #기상예보

 Oh. It's already melting.

 First snow. Actually, they say that it was supposed to only snow three centimeters but it snowed eight to ten centimeters.

 No. That wasn't eight to ten! It couldn't have been. Really?

 Yeah!

 I didn't know it was supposed to snow at all.

 No. We just woke up and it was so dark.

 My work thing got canceled because of the conditions. I mean, for Canada, that's very cute. For us.

Kyuho	오, 벌써 녹고 있어.
Kyuho	첫눈이야. 사실, 기상예보에서 눈이 3센티만 내린다고 했는데 8에서 10센티가 내렸어.
Sarah	아니야. 8에서 10센티 아니었어! 그럴 리가 없어. 정말?
Kyuho	응!
Sarah	난 눈이 온다고 했는지 전혀 몰랐어.
Kyuho	몰랐지. 저희 좀 전에 일어났는데 너무 어두웠어요.
Sarah	날씨 때문에 제 일도 취소됐어요. 캐나다로 따지자면 이건 아주 귀여운 수준이죠. 저희에게는요.

Key Words & Expressions   melt 녹다   (weather) conditions 기상, 날씨

핵심 문장 그대로 SPEAK))

벌써 녹고 있어.

It's   .

그럴 리가 없어.

It   .

제 일도 **취소됐어요.**

My work thing   .

패턴으로 응용 SPEAK))

➕ **be supposed to ~** ~하기로 돼 있어

◀ I didn't know it **was supposed to** snow at all.

난 눈이 온**다고 했는지** 전혀 몰랐어.

◀ He **was supposed to** call me last night.

그는 어젯밤에 나한테 전화**하기로 했어.**

◀ She **was supposed to** be here 15 minutes ago.

그녀는 이곳에 15분 전에 오**기로 했어.**

내가 직접 만들었어.

#호박쿠키 #홈베이킹

 I'm gonna try to bake those pumpkin chocolate chip cookies, but don't get too excited, because I've never done it before, especially in a toaster oven.

Let me know if you need any help.

 It's OK. I don't really know what I'm doing, so...

My job is to wear this.

 Your job is to wear that and eat them later.

This is the pumpkin, right?

 That's my pumpkin puree. I made it myself.

Sarah	호박 초콜릿 칩 쿠키를 구워볼 건데 너무 들뜨진 마. 왜냐면 한 번도 해본 적이 없거든, 특히 토스터 오븐으로는.
Kyuho	도움이 필요하면 알려줘.
Sarah	괜찮아. 나도 뭐 하는지 잘 몰라서...
Kyuho	내 일은 이걸 입는 거야.
Sarah	너의 일은 이걸 입고 이따가 먹는 거야.
Kyuho	이거 호박이지, 그렇지?
Sarah	이게 내 호박 퓌레야. 내가 직접 만들었어.

Key Words & Expressions   bake 굽다   especially 특히   puree 퓌레(고기나 채소를 갈아서 만든 요리 재료)

핵심 문장 그대로 SPEAK))

너무 **들뜨진** 마.

Don't   too   .

전에 **한 번도 그거 해본 적이 없어.**

I've   before.

내가 **직접 그거 만들었어.**

I   .

패턴으로 응용 SPEAK))

➕ **Let me know if ~** ~하면 알려줘

◀ **Let me know if** you need any help.

도움이 필요하**면 알려줘.**

◀ **Let me know if** you are free on the weekend.

주말에 시간 비**면 알려줘.**

◀ **Let me know if** you want some chicken and beer tonight.

오늘밤에 치맥 하고 싶으**면 알려줘.**

얼마나 마신 거야?

#취중규호 #규호의 인생과자

 Oops.

 Uh, not much.

How much did you drink?

That wasn't convincing.

 Sarah, Moon gave me these presents. I really missed these snacks from India. Lays.

Let me take a look at this. What is that?

 India's magic masala. Masala! Actually, I missed this flavor.

Kyuho	아이고.
Sarah	얼마나 마신 거야?
Kyuho	음 별로 안 마셨어.
Sarah	그 말은 설득력이 없는데.
Kyuho	세라야. 문이 나한테 이 선물들을 줬어. 이 인도 과자들 정말 그리웠어. 레이즈야.
Sarah	내가 한번 볼게. 그게 뭐야?
Kyuho	인도 매직 마살라. 마살라! 사실 나 이 맛이 그리웠어.

Key Words & Expressions　convincing 설득력이 있는　take a look 살펴보다　flavor 맛

162

핵심 문장 그대로 SPEAK))

 얼마나 마신 거야?

              did you drink?

 그 말은 **설득력이 없었어**.

That   .

 사실 나 **이 맛**이 그리웠어.

Actually, I missed   .

패턴으로 응용 SPEAK))

⊕ **Let me ~** 내가 ~할게

◀ **Let me** take a look at this.
   내가 이거 한번 볼게.

◀ **Let me** ask you a question.
   내가 질문을 하나 할게.

◀ **Let me** say just one more thing.
   내가 딱 한 가지만 더 말할게.

딱 맞아.

#감동 선물 #선물교환

This is the present.

Yes.

Open it, open it!

Yes.

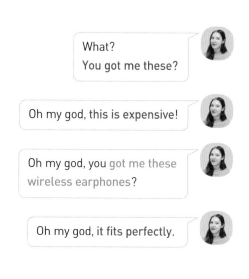

What?
You got me these?

Oh my god, this is expensive!

Oh my god, you got me these wireless earphones?

Oh my god, it fits perfectly.

Kyuho	이거 선물이야.
Sarah	뭐? 이걸 나 사준 거야?
Kyuho	응.
Sarah	어머나, 이거 비싸잖아!
Kyuho	열어봐, 열어봐!
Sarah	대박, 이 무선 이어폰 사준 거야?
Kyuho	응.
Sarah	세상에, 딱 맞아.

Key Words & Expressions   wireless 무선의   fit 맞다   perfectly 완벽하게, 완전히

핵심 문장 그대로 SPEAK))

이걸 **나 사준** 거야?

You _____ these?

이거 비싸잖아!

_____!

이것 **딱 맞아**.

It _____.

패턴으로 응용 SPEAK))

➕ **get** *A B* A에게 B를 사주다

◀ You **got me these wireless earphones**?

너 **나한테 이 무선 이어폰 사준** 거야?

◀ I **got my dad a tie** for his birthday.

난 생일 선물로 **아빠에게 넥타이를 사드렸어**.

◀ I **got my mom a sweater** for Christmas.

난 크리스마스 선물로 **엄마에게 스웨터를 사드렸어**.

얘 지금 엄청 쇼 하네요.

#캣 타워 해체 #비모의 반응

Yeah, we were super, super late decorating for Christmas this year.
Oh man! This is gonna take forever!

Why're you making it so difficult?

You gotta lift him up, cuz....

He's putting on this big show.
Where's my tower?

He really is making us look so bad.
We promise you guys he really never uses it.

Sarah   네, 저희 올해에는 크리스마스 장식하는 거 엄청 늦었네요.
        와! 이거 평생 걸리겠다!

Sarah   너 왜 이렇게 어렵게 만드는 거야?

Sarah   자기가 비모 좀 들어 올려야겠어, 왜냐하면...

Sarah   얘 지금 엄청 쇼 하네요.
        내 타워 어디 갔지?

Sarah   얘가 저희를 정말 안 좋은 사람처럼 보이게 만드네요.
        여러분께 장담하지만 비모 정말 그 타워 전혀 사용 안 해요.

Key Words & Expressions   take forever 평생 걸리다   lift 들어 올리다   put on a show 쇼를 하다
promise 장담하다

핵심 문장 그대로 SPEAK 》》

 이거 **평생 걸리겠다**!

This is gonna

 얘 지금 엄청 **쇼 하네요**.

He's   this big   .

 여러분께 장담하지만 그는 **정말** 그걸 **전혀 사용 안 해요**.

We promise you guys he   it.

패턴으로 응용 SPEAK 》》

➕ **You gotta ~** 너 ~해야 해

◀ **You gotta** lift him up.

너 그를 들어 올려**야 해**.

◀ **You gotta** get outside today, the weather is perfect.

너 오늘 밖에 나가**야 해**, 날씨가 완벽해.

◀ **You gotta** stop wasting your money on beer.

너 맥주에 돈 낭비하는 걸 그만해**야 해**.

아직도 몸이 안 좋아요.

#아픈 규호 #감기

 Oh, boo. Kyuho is still feeling under the weather today.
You were feeling better for a couple of days,
and then yesterday you kinda relapsed
and had a fever, right?

Uh yeah...

 Beemo, you have to keep Dad safe while I'm at work.

Sarah 오 자기야. 규호는 오늘 아직도 몸이 안 좋아요.
       며칠 동안은 나아졌다가 어제 재발하고 열이 났지?

Kyuho 어 응...

Sarah 비모야, 나 일하는 동안에 아빠 안전하게 잘 지켜야 해.

Key Words & Expressions feel under the weather 컨디션이 좋지 않은, 몸이 안 좋은
relapse (병이) 재발하다 fever 열

핵심 문장 그대로 SPEAK))

규호는 오늘 아직도 **몸이 안 좋아요**.

Kyuho is still   today.

너 몸이 며칠 동안은 **나아졌었지**.

You were   for a couple of days.

어제 **재발하고** 열이 났지?

Yesterday, you kinda   and had a fever, right?

패턴으로 응용 SPEAK))

➕ keep A+형용사 A를 ~하게 해

◀ You have to **keep Dad safe** while I'm at work.
나 일하는 동안에 **아빠 안전하게 잘 지켜**.

◀ Your scarf **keeps you warm** in the winter.
목도리를 하면 **겨울에 따뜻해져**.

◀ Coffee **keeps me awake**.
커피 마시면 **잠이 깨**.

나한텐
악몽이야.

#새해 전야 #제야의 종

 It says there are a hundred thousand
people around that area.

Oh my God. That's my nightmare.

Five minutes?

 Yeah.

From what I saw online,
I feel like a lot of people also said that
they were just staying in on New Year's Eve.

 Every year on 31st December in Korea
when it hits twelve o'clock, then they hit that huge bell.
That's always 33 times.
That is something related with Buddhism.

Kyuho	지금 저곳에 10만 명이 있대.
Sarah	세상에. 나한텐 악몽이야.
Sarah	5분 남았어?
Kyuho	응.
Sarah	온라인에서 본 바로는 많은 사람들이 새해 전날 밤에 집에만 있을 거라고 한 거 같아.
Kyuho	한국에선 매년 12월 31일 12시가 되면 저기 저 큰 종을 울려. 항상 33번이야. 불교랑 관련되어 있어.

Key Words & Expressions   nightmare 악몽   stay in (밖으로) 나가지 않다   Buddhism 불교

핵심 문장 그대로 SPEAK 》)

 그건 **나한텐 악몽**이야.

That's   .

 그들은 새해 전날 밤에 **집에만 있었어**.

They were just   on New Year's Eve.

 그건 뭔가 **불교랑 관련되어** 있어.

That is something   .

패턴으로 응용 SPEAK 》)

➕ **From what I** ~ 내가 ~한 바로는

◀ **From what I** saw online, people were just staying in tonight.

　내가 온라인에서 본 **바로는**, 사람들이 오늘 밤 집에만 있을 거라고 해.

◀ **From what I** read in the paper, it's going to rain all week.

　내가 신문에서 읽은 **바로는**, 1주일 내내 비가 온다고 해.

◀ **From what I** heard, Lowell is getting promoted.

　내가 들은 **바로는**, 로웰이 승진할 거래.

이런 속임수를 써요.

#침대 정리 #비모 유인하는 법

Okay, it's time to make the bed, Beemo.
You have to get up.

I feel bad to move him, so this is the trick I do.
Bring his snack.

Man, I don't know why Sarah uses so many blankets.
Jeez.

Kyuho   자, 비모야 침대 정리할 시간이야.
        이제 일어나야 해.
Kyuho   얘를 옮기는 게 미안해서 전 이런 속임수를 써요.
        얘가 먹는 간식을 가져와요.
Kyuho   세라는 왜 이렇게 이불을 많이 쓰는지 모르겠어요.
        어휴.

Key Words & Expressions   trick 속임수 blanket 이불 jeez 어휴, 저런(실망이나 놀라움을 나타냄)

핵심 문장 그대로 SPEAK))

 침대 정리할 **시간이야.**

　　　　　　make the bed.

 얘를 옮기는 게 **미안해요.**

　　　　　　to move him.

 그래서 **전** 이런 **속임수를 써요.**

So this is　　　　　　　.

패턴으로 응용 SPEAK))

➕ **I don't know why ~** 왜 ~인지 모르겠어

◀ **I don't know why** Sarah uses so many blankets.
세라는 **왜** 이렇게 이불을 많이 쓰는**지 모르겠어.**

◀ **I don't know why** cats and dogs are so different.
왜 이렇게 고양이와 개는 너무 다른**지 모르겠어.**

◀ **I don't know why** Kyuho loves blood sausage so much.
규호는 **왜** 이렇게 블러드 소시지를 좋아하는**지 모르겠어.**

슬기로운 가사 분담

오늘 분리 수거하는 날이야.

It's recycling day.

쓰레기 좀 버려줄래?

Can you take the trash out, please?

청소기 좀 돌려줄래?

Can you vacuum, please?

바닥에 걸레질 좀 해줄래?

Can you mop the floor, please?

이 빨래들 좀 널어.

Hang up this laundry.

빨래 걷었어?

Did you take down the dry laundry?

상 치우는 것 좀 도와줘.

Help me clear the table.

네가 설거지 할 차례야.

It's your turn to do the dishes.

그릇에 세제 남지 않게 헹궈줘.

Rinse well so there's no soap left on the dishes.

삼시세끼 즐거운 요리생활

감자 껍질 좀 까줄래?
Could you peel this potato?

팬 달궈졌어?
Is the pan heated?

팬에 기름을 둘러.
Pour some oil in the pan.

냄비 뚜껑을 덮어.
Put the lid on the pot.

끓기 시작하면 약불로 줄여.
Lower the heat once it starts to boil.

찌개 끓어 넘치겠다!
The soup's going to boil over!

간 좀 볼게!
Let me taste it.

조리하기 전에 해동부터 시켜.
Thaw it out before cooking.

전자레인지에 1분만 데우면 돼.
You can heat it up in the microwave for a minute.

We Love Seoul

세빛섬으로 향하고 있어요.

#세빛둥둥섬 #규호의 어린 시절

 OK, so now, we're heading to this 세빛 Island. And, I can't find the crosswalk.

Ah, there it is. OK.

 It's pretty, actually.

Yeah. It's actually really rare to see kids like that playing outside.

 I used to skateboard, too.

Could you do it well?

 No, I went to the emergency room because of that.

Oh my god!

Kyuho	네, 지금 저희는 세빛섬으로 향하고 있어요. 그리고, 저는 횡단보도를 못 찾겠네요.
Kyuho, Sarah	아 저기 있네. 됐네.
Kyuho	실제로 보니 예쁘다.
Sarah	응. 사실은 아이들이 저렇게 밖에서 노는 거 볼 일이 정말 드물지.
Kyuho	나도 스케이트보드 타곤 했어.
Sarah	잘 탔어?
Kyuho	아니, 그거 때문에 응급실 갔어.
Sarah	아이고!

Key Words & Expressions   head 향하다   crosswalk 횡단보도   rare 드문   emergency room 응급실

핵심 문장 그대로 SPEAK 》》》

 저희는 세빛섬으로 **향하고 있어요.**

We're _____ this 세빛 Island.

 저는 **횡단보도를** 못 **찾겠네요.**

I can't _____ .

 잘했어?

_____ you do it ____ ?

패턴으로 응용 SPEAK 》》》

➕ **I used to ~** 나 ~하곤 했어

◀ **I used to** skateboard, too.

나도 스케이트보드 타곤 **했어.**

◀ **I used to** smoke cigarettes when I was in the army.

난 군대에 있을 때 담배를 피우곤 **했어.**

◀ **I used to** go to bed at 3 a.m. when I was younger.

난 어렸을 땐 새벽 3시에 잠을 자곤 **했어.**

We Love Seoul **179**

안 그랬으면 좋겠어.

#봄 #새학기

It definitely feels like spring lately, though.

I don't think it's gonna snow anymore.

Hopefully not. But now I think in just a few weeks,
cherry blossom season will arrive.
I'm really looking forward to that.

Yeah. New school semester starts tomorrow.

Yeah, tomorrow!

Sarah	그래도 최근엔 확실히 봄기운이 느껴져.
Kyuho	눈이 더 이상 안 내릴 것 같아.
Sarah	안 그랬으면 좋겠어. 근데 내 생각엔 이제 몇 주 후면 벚꽃 시즌이 올 거야. 나 정말 기대하고 있어.
Kyuho	응. 내일 새 학기가 시작되지.
Sarah	맞아, 내일!

Key Words & Expressions   definitely 확실히 lately 최근에 hopefully 바라건대 cherry blossom 벚꽃
semester 학기

핵심 문장 그대로 SPEAK 》))

최근엔 확실히 **봄기운이 느껴져.**

It definitely   lately.

안 그랬으면 좋겠어.

.

나 정말 그거 **기대하고 있어.**

I'm really   that.

패턴으로 응용 SPEAK 》))

➕ **I don't think it's gonna ~** ~ 안 할 것 같아

◀ **I don't think it's gonna** snow anymore.
눈이 더 이상 **안** 내릴 **것 같아.**

◀ **I don't think it's gonna** be a problem.
문제가 되지 **않을 거 같아.**

◀ **I don't think it's gonna** work out unless you try harder.
네가 더 열심히 하지 않는 이상 잘 **안** 풀릴 **것 같아.**

안 끝났으면 좋겠어요.

#꽃놀이 #벚꽃엔딩

 Today is the cherry blossom's peak.
It's very hot even wearing this jacket right now.

I didn't rip this off. It just fell.

 Thanks.

It looks good on you.

 No, it's kinda weird.

Here.

Anyway, this is the prettiest tree
that we've found so far. It's very pink.
Oh my gosh. Oh, I don't want it to end.
But, we're lucky enough to get today and
come out see them though. I'm so glad.

Kyuho	오늘 벚꽃이 절정이에요. 지금 이 재킷을 입고 있는 것도 아주 덥네요.
Sarah	이거 내가 뜬 거 아니야. 그냥 떨어진 거야.
Kyuho	고마워.
Sarah	너한테 잘 어울려.
Kyuho	아냐, 이상한 거 같아.
Sarah	여기야.
Sarah	아무튼, 지금까지 찾은 것 중 이 나무가 가장 아름다워요.
	굉장히 핑크색이에요. 이럴 수가. 오, 안 끝났으면 좋겠어요.
	그래도 오늘 나와서 볼 수 있어서 저희는 운이 좋네요. 정말 기뻐요.

Key Words & Expressions　peak 절정　rip 떼다, 찢다　weird 이상한

핵심 문장 그대로 SPEAK))

 너한테 **잘 어울려.**

It _____ you.

 이상한 거 같아.

_____ kinda _____.

 안 **끝났으면 좋겠어요.**

I don't _____.

패턴으로 응용 SPEAK))

➕ This is the + 최상급 + 명사 + (that) ~   ~한 것 중에 이게 가장 ⋯해

◀ **This is the** pretti**est** tree **that** we've found so far.

우리가 지금까지 찾은 나무 **중 이게 가장** 아름다워.

◀ **This is the** tasti**est** fried chicken I've ever eaten.

내가 먹어본 후라이드 치킨 **중 이게 가장** 맛있어.

◀ **This is the** scari**est** movie we've seen in years.

우리가 몇 년 동안 본 영화 **중 이게 가장** 무서워.

어디서 건너지?

#골목길 탐방   #태양을 피하는 법

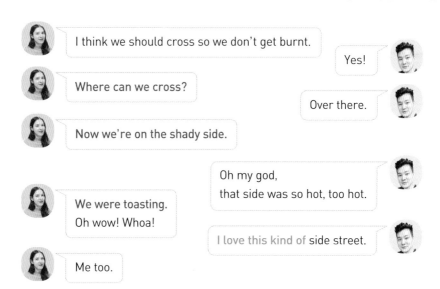

> I think we should cross so we don't get burnt.

> Yes!

> Where can we cross?

> Over there.

> Now we're on the shady side.

> Oh my god,
> that side was so hot, too hot.

> We were toasting.
> Oh wow! Whoa!

> I love this kind of side street.

> Me too.

Sarah	우리 살이 타지 않도록 건너야 할 것 같아.
Kyuho	응!
Sarah	어디서 건너지?
Kyuho	저기서.
Sarah	이제 우리 그늘진 쪽에 있네.
Kyuho	맙소사, 저쪽은 아주 더웠어, 너무 더웠어.
Sarah	우리 구워지고 있었어. 우와!
Kyuho	나 이런 골목길 좋아.
Sarah	나도.

Key Words & Expressions   get burnt 타다, 화상 입다   cross 건너다   toast 노릇노릇하게 구워지다
kind 종류   side street 골목

핵심 문장 그대로 SPEAK 》))

 어디서 **건너지**?

Where can we　　　　?

 이제 우리 **그늘진 쪽에** 있네.

Now we're　　　　　　　.

 우리 **구워지고** 있었어.

We were　　　　　.

패턴으로 응용 SPEAK 》))

➕ **I love this kind of ~**　나 이런 종류의 ~ 좋아

◀ **I love this kind of** side street.

　나 이런 골목길 **좋아**.

◀ **I love this kind of** architecture.

　나 이런 건축물 **좋아**.

◀ **I love this kind of** soup when the weather is cold.

　날씨가 추울 땐 **나 이런** 수프가 **좋아**.

여기 사는 사람들 분명
몸이 아주 좋을 거야.

#골목길 탐방 #혜화동

 OK, we were walking this way,
but we spotted this,
and we have no idea where it leads.
But we're curious,
and we got some calories to burn,
so why not?

 Oh my god!
Man, I bet the people who live here are so fit.

 This is pretty much the highest point, right?

I think so. Hope so.

Sarah	저희 이 방향으로 걸어가고 있었는데
	이곳을 발견했어요.
	그런데 어디로 연결되는지 전혀 모르겠어요.
	그래도 궁금하고 칼로리 태울 것도 있으니
	안 갈 이유가 있나요?
Sarah	어머나!
	이런, 여기 사는 사람들은 분명 몸이 아주 좋을 거야.
Sarah	이곳이 거의 꼭대기지, 그치?
Kyuho	그럴걸. 그랬으면 해.

Key Words & Expressions　　spot 발견하다　lead 연결되다, 이끌다　burn 태우다　fit 건강한, 탄탄한

186

핵심 문장 그대로 SPEAK »))

저희 **이곳을 발견했어요.**

We　　　　　　　　 .

저희 **칼로리를 태울 게** 좀 있었어요.

We got some　　　　　 .

여기 사는 사람들은 분명 **몸이 아주 좋을 거야.**

I bet the people who live here are　　 .

패턴으로 응용 SPEAK »))

➕ **This is pretty much ~** 이게 거의 ~야

◀ **This is pretty much** the highest point.
　이곳이 거의 꼭대기야.

◀ **This is pretty much** all you need for this recipe.
　이게 거의 이 레시피에 필요한 전부야.

◀ **This is pretty much** the only app I use daily.
　이게 거의 내가 날마다 사용하는 유일한 앱이야.

여기서 전신샷을 찍어보자.

#사진 찍기 #이화벽화마을

Oh, there's the place, there's the place.
Do you see the mannequins wearing the uniforms?

Oh, it's cool!
I hope it fits me, I'm pretty tall.

It suits you so well!
Let's get a full-body shot here.
Oh, it looks good.

This is what my dad used to wear.

I've seen pictures of your dad wearing that.

Sarah	오, 저기 있네요, 저기 있어요.
	교복 입고 있는 마네킹 보이시나요?
Sarah	오, 멋지네요! 저한테 맞았으면 좋겠는데, 제가 키가 꽤 커서.
Sarah	너한테 엄청 잘 어울려!
	여기서 전신샷을 찍어보자.
	오, 멋지다.
Kyuho	이거 우리 아버지가 입으셨던 거야.
Sarah	아버님이 그거 입고 계신 사진들 본 적 있어.

Key Words & Expressions mannequin 마네킹 suit 어울리다 full-body shot 전신샷

핵심 문장 그대로 SPEAK ››)

 저한테 맞았으면 좋겠어요.

I hope it _____.

 너한테 엄청 잘 **어울려**!

It _____ so well!

 여기서 **전신샷을 찍어**보자.

Let's _____ here.

패턴으로 응용 SPEAK ››)

➕ **Do you see ~?** ~ 보여?

◀ **Do you see** the mannequins wearing the uniforms?

교복 입고 있는 마네킹 **보여**?

◀ **Do you see** Namsan Seoul Tower up ahead?

저기 앞에 있는 남산서울타워 **보여**?

◀ **Do you see** this pimple on my forehead?

내 이마에 여드름 **보여**?

난 반팔을 선택했어.

#교복 체험 #복고 사진 #이화벽화마을

 I really feel like we went back in time to like the 1960s or 70s. It's really hot!

Yeah, and it's black.

 Right, right. I got the short sleeved one, so I'm OK but...

I mean they have different options too.
Like three different types of uniforms.
But I've always wanted to try these long sleeves.

 The classic, right?

Yeah!

Sarah	나 정말 1960년대나 70년대 같은 시대로 돌아간 기분이야. 정말 덥다!
Kyuho	응, 게다가 검은색이야.
Sarah	맞아, 맞아. 난 반팔을 선택해서 괜찮은데...
Kyuho	다른 선택권도 있어요. 세 가지 다른 종류의 교복이요. 근데 전 항상 이 긴팔을 입어보고 싶었어요.
Sarah	제일 대표적인 거지, 그렇지?
Kyuho	응!

Key Words & Expressions   go back in time 시간을 되돌아가다   short sleeved 반팔의
long sleeve 긴팔

핵심 문장 그대로 SPEAK »)

 나 정말 우리가 1960년대나 70년대 같은 시대로 **돌아간** 기분이야.

I really feel like we   to like
the 1960s or 70s.

 난 **반팔**을 선택했어.

I got the   .

 제일 대표적인 거지, 그렇지?

                      , right?

패턴으로 응용 SPEAK »)

➕ **I've always wanted to ~** 난 항상 ~하고 싶었어

◀ **I've always wanted to** try these long sleeves.
난 **항상** 이 긴팔을 입어보고 **싶었어.**

◀ **I've always wanted to** buy a Lamborghini.
난 **항상** 람보르기니를 사고 **싶었어.**

◀ **I've always wanted to** live in a tropical country.
난 **항상** 열대 국가에서 살아보고 **싶었어.**

CHAPTER 6

자전거 타는 거
그리웠어요.

#자전거 타기 #화창한 날씨

We just paid with our phones
and it's just... a dollar, a thousand won an hour.
We actually figured this out a few days ago,
and it's pretty simple.

Yay! Bye.

It's nice. The weather is really good.
I missed biking.

Someday, someday we'll buy one.

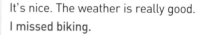I'd like my own bicycle.

Kyuho	저희 방금 휴대폰으로 결제했어요.
	그리고 딱... 1달러, 한 시간에 천원이에요.
	저희 사실 이거 며칠 전에 알아냈는데 꽤나 간단해요.
Kyuho	우와! 안녕.
Sarah	좋네요. 날씨가 정말 좋아요.
	자전거 타는 거 그리웠어요.
Kyuho	언젠간, 언젠간 우리도 한 대 살 거야.
Sarah	내 자전거 있으면 좋겠어.

Key Words & Expressions   miss 그리워하다 bike 자전거를 타다

핵심 문장 그대로 SPEAK 》》

 저희 방금 **휴대폰으로 결제했어요.**

We just   .

 저희 사실 며칠 전에 **이거 알아냈어요.**

We actually   a few days ago.

 자전거 타는 거 그리웠어요.

I   .

패턴으로 응용 SPEAK 》》

➕ **I'd like** ~ 난 ~가 있으면 좋겠어

◀ **I'd like** my own bicycle.
  난 내 자전거가 있으면 좋겠어.

◀ **I'd like** a dog.
  난 강아지가 있으면 좋겠어.

◀ **I'd like** a bigger bed.
  난 더 큰 침대가 있으면 좋겠어.

여기 1년에 한 번 와요.

#인사동 #쇼핑 #삼청동 #전통찻집

Let's get this one, too. Very cool.

I know exactly where we are.

We already filmed this place, so we're not gonna film it thoroughly.

Yeah, exactly.

We come here once a year.
Oh, we found it.

Oh, we found it!
Oh my god, the desserts look good!

Sarah	이것도 사자. 엄청 멋져.
Sarah	나 여기가 어딘지 정확히 알아.
Kyuho	저희 이 장소를 이미 촬영해서 또 샅샅이 촬영하진 않을 거예요.
Sarah	네, 맞아요.
Kyuho	저희 여기 1년에 한 번 와요. 오, 찾았어요.
Sarah	찾았어요! 어머나, 디저트 엄청 맛있어 보여!

Key Words & Expressions   film 촬영하다   thoroughly 샅샅이, 모조리

핵심 문장 그대로 SPEAK »)

 이것도 사자.

Let's _____, too.

 저희 이 장소를 **이미 촬영했어요**.

We _____ this place.

 저희 여기 **1년에 한 번** 와요.

We come here _____.

패턴으로 응용 SPEAK »)

➕ **I know exactly** ~ 나 ~인지 정확히 알아

◀ **I know exactly** where we are.
나 여기가 어딘지 **정확히 알아**.

◀ **I know exactly** how he will react.
나 그가 어떻게 반응할지 **정확히 알아**.

◀ **I know exactly** who she has a crush on.
나 그녀가 누구에게 반했는지 **정확히 알아**.

다 미리 생각했지.

#소풍 #건강 간식

 So I packed a little fruit Tupperware box for a healthy snack. Tada!

Do we have any toothpicks or...?

 Right ahead of you.

Ah! Thank you.

You're welcome.

Very sweet.

Good. Our friend gave us these kiwis and oranges.

Still cold!

Sarah	그래서 건강한 간식거리로 플라스틱 용기에 과일을 조금 싸왔어요. 짜잔!
Kyuho	우리 이쑤시개나 그런 거 있어?
Sarah	다 미리 생각했지.
Kyuho	아! 고마워.
Sarah	천만에.
Kyuho	엄청 달다.
Sarah	맛있어. 저희 친구가 이 키위와 오렌지를 줬어요.
Kyuho	아직도 차가워!

Key Words & Expressions pack 싸다, 포장하다 tada 짜잔 toothpick 이쑤시개
right ahead of you (생각이) 한발 앞서다

핵심 문장 그대로 SPEAK))

 그래서 플라스틱 용기에 **과일을 조금 싸왔어요**.

So   Tupperware box.

 다 미리 생각했지.

.

 저희 친구가 **저희에게 이 키위와 오렌지를 줬어요**.

Our friend   .

패턴으로 응용 SPEAK))

⊕ **Do we have ~?** 우리 ~ 있어?

◀ **Do we have** any toothpicks or ...?
우리 이쑤시개나 그런 거 **있어**?

◀ **Do we have** any chocolate left?
우리 초콜릿 남은 거 **있어**?

◀ **Do we have** any instant noodles left in the cupboard?
우리 찬장에 라면 남은 거 **있어**?

오늘 완전히
맑아졌어요.

#등산 #맑은 공기

 Oh, wow. Holy...

Oh my god.
You can see the Han River and everything.

 Hey Sarah. Do you see the Namsan Tower over there?

 So nice. The breeze is so nice.

Yesterday, the pollution was actually really bad,
so we were wondering if we could even do this.

 Right.

But it completely cleared out today.

Kyuho	우와. 이런...
Sarah	어머나. 한강이랑 모두 다 볼 수 있어.
Kyuho	세라야. 저기에 남산타워 보여?
Kyuho	아주 좋아. 산들바람이 아주 좋아.
Sarah	어제 사실 공기가 정말 안 좋았어요. 그래서 저희가 등산을 할 수 있을지 궁금했어요.
Kyuho	맞아요.
Sarah	그런데 오늘 완전히 맑아졌어요.

Key Words & Expressions breeze 산들바람, 미풍 pollution 오염, 공해 clear out 맑아지다

핵심 문장 그대로 SPEAK »)

 한강이랑 **모두 다 볼 수 있어.**

                 the Han River and   .

 산들바람이 아주 **좋아.**

The   is so   .

 오늘 완전히 **맑아졌어요.**

It completely   today.

패턴으로 응용 SPEAK »)

➕ was / were wondering if ··· could ~   ~할 수 있을지 궁금했어

◀ We **were wondering if** we **could** even do this.
   우리가 이것조차 할 **수 있을지 궁금했어.**

◀ Kyuho **was wondering if** he **could** finish this book on time.
   규호는 이 책을 시간에 맞게 끝낼 **수 있을지 궁금했어.**

◀ We **were wondering if** we **could** see wild bears in Canada.
   우리는 캐나다에서 야생 곰을 볼 **수 있을지 궁금했어.**

힐링 하는
느낌이었어요.

#도자기 체험 #힐링

It's fun.

Wow, this is really amazing.
On the other hand, this is mine.

All right, guys,
we just finished painting ceramics.
It was actually really fun.
It was kinda somehow very therapeutic.

It was.
I felt like more rested doing that than sleeping.

Sarah	재미있어.
Kyuho	와우, 정말 놀라워.
	그 반면에, 이건 제 거예요.
Kyuho	네, 여러분, 저희 방금 도자기 색칠하는 것을 끝냈어요.
	사실 정말 재미있었어요.
	뭔가 약간 진짜 힐링 하는 느낌이었어요.
Sarah	네 맞아요.
	전 잠자는 것보다 그거 한 게 더 많이 휴식을 취한 느낌이었어요.

Key Words & Expressions on the other hand 그 반면에, 다른 한편으로는 ceramic 도자기
therapeutic 치료상의, 긴장을 푸는 데 도움이 되는

핵심 문장 그대로 SPEAK))

 재미있어.

.

 그 반면에, 이건 제 거예요.

, this is mine.

 뭔가 약간 **진짜 힐링 하는 느낌**이었어요.

It was kinda somehow .

패턴으로 응용 SPEAK))

➕ just finished -ing 방금 ~하는 것을 마쳤어

◀ We **just finished** paint**ing** ceramics.
우리는 **방금** 도자기 색칠하**는 것을 마쳤어**.

◀ They **just finished** eat**ing** their lunch.
그들은 **방금** 점심 식사**를 마쳤어**.

◀ He **just finished** upload**ing** the latest video to YouTube.
그는 **방금** 유튜브에 최신 영상 올리**는 것을 마쳤어**.

딱 내 취향저격이야.

#막걸리 학교 #남산골 한옥마을

Of course you'll be interested in.

Makgeolli school making traditional Korean liquor.
This is right up my alley.

Founded in the late 1860s.
Relocated in 1998.
Namsangol Hanok Village.

This is the traditional way Koreans used to cook rice.
You basically put the firewood underneath,
put rice and water in, and then boil it.

Kyuho	당연히 넌 관심이 있겠지.
Sarah	전통적인 한국 술을 만드는 막걸리 학교. 딱 내 취향저격이야.
Sarah	1860년대 후반에 설립되었음. 1998년도에 이전함. 남산골 한옥 마을.
Kyuho	이게 한국인들이 밥을 지었던 전통적인 방식이에요. 기본적으로 장작을 밑에 넣고, 쌀과 물을 넣고, 그리고 나서 끓이는 거예요.

Key Words & Expressions alley 골목 found 설립하다. 세우다 relocate 이전하다
firewood 장작 underneath ~ 밑에(특히 다른 것에 가리거나 덮이는 경우에 씀)

핵심 문장 그대로 SPEAK »)

 당연히 넌 **관심이 있겠지**.

Of course you'll   .

 딱 **내 취향저격**이야.

This is right   .

 기본적으로 장작을 밑에 넣어.

You   the firewood   .

패턴으로 응용 SPEAK »)

➕ **This is the traditional way** ~   이게 ~인 전통적 방식이야

◂ **This is the traditional way** Koreans used to cook rice.
이게 한국인들이 밥을 지었던 **전통적 방식이야**.

◂ **This is the traditional way** Koreans used to brew makgeolli.
이게 한국인들이 막걸리를 양조한 **전통적 방식이야**.

◂ **This is the traditional way** Chinese people celebrate New Year.
이게 중국인들이 설날을 기념하는 **전통적 방식이야**.

우리 더 가야 돼.

#길 찾기 #캐나다 대사관

No, that's not the restaurant.
We have to go further.
We have to find Canadian Embassy first.

Okay.

It's right next to it. There it is.

We had to come here a couple of times to get documents before we got married.

Yeah!

To prove that I wasn't married in Canada or something?

Right.

Kyuho 아니야, 그 식당 아니야.
우리 더 가야 돼.
우리 캐나다 대사관부터 먼저 찾아야 해.

Sarah 알았어.

Kyuho 그곳 바로 옆에 있어. 저기 있네.

Sarah 저희 결혼하기 전에 서류들 떼러 한두 번 여기에 와야 했어요.

Kyuho 맞아요!

Sarah 내가 캐나다에서 결혼하지 않았다는 걸
증명하기 위해서래나 뭐래나?

Kyuho 맞아.

Key Words & Expressions   embassy 대사관   prove 증명하다

204

핵심 문장 그대로 SPEAK))

 우리 **더 가야** 돼.

We have to   .

 그곳 **바로 옆에** 있어.

It's   it.

 저기 있네.

       .

패턴으로 응용 SPEAK))

➕ We have to ~ first 우린 우선 ~해야 해

◀ **We have to** find the Canadian Embassy **first**.

우린 **우선** 캐나다 대사관을 찾아**야 해**.

◀ **We have to** get out of here **first**.

우린 **우선** 여기서 나가**야 해**.

◀ **We have to** take care of ourselves **first**.

우린 **우선** 우리 자신부터 돌봐**야 해**.

방금 찾아냈어요.

#가을날 외출 #덕수궁 정동길

 There're so many people taking photos,
you have to wait your turn for all the good spots.

 It is the perfect fall day.

Yeah, I'm so glad that we came today.

 Look at this!

 So we're trying to find a building in the area
where we could go to a higher floor
and see inside of the palace from the top.

 Kyuho just figured it out.

Yup, this is the way.

Sarah	사진 찍는 사람들이 아주 많아서 좋은 장소는 모두 차례를 기다려야 해요.
Sarah	완연한 가을날이네요.
Kyuho	네, 오늘 와서 매우 기뻐요.
Sarah	이것 좀 보세요!
Sarah	저희는 이 지역에서 건물을 찾고 있어요. 저희가 높은 층으로 가서 위에서 궁 안을 볼 수 있는 곳이요.
Sarah	규호가 방금 찾아냈어요.
Kyuho	네, 이 길이에요.

Key Words & Expressions　　turn 차례　palace 궁　figure out (해결 방안을) 알아내다, 찾아내다

핵심 문장 그대로 SPEAK))

 좋은 장소는 모두 **차례를 기다려야** 해요.

You have to　　　　　　　　　for all the good spots.

 완연한 가을날이네요.

It is the　　　　　　　.

 규호가 **방금 그걸 찾아냈어요.**

Kyuho　　　　　　　.

패턴으로 응용 SPEAK))

➕ **I'm so glad that ~** ~해서 매우 기뻐

◀ **I'm so glad that** we came today.
우리가 오늘 와서 매우 기뻐.

◀ **I'm so glad that** I married Sarah.
세라와 결혼해서 매우 기뻐.

◀ **I'm so glad that** I bought a new laptop.
새 노트북을 사서 매우 기뻐.

조금 창피하네요.

#마트 쇼핑 #이태원 외국인 마트

 Oh by the way, we were in that foreign market, but all the chocolate chips are sold out, so we're gonna go to another one.

 Oh, so windy!

 Indian tea. I've never seen garlic crackers.

 All right, it's a little embarrassing to show what we bought, but we bought Cheetos. Puffs.

We've been craving them since Canada.

 Yeah, and we also bought the jam. It was nice.

Very successful!

Kyuho	아 그나저나 저희가 저 외국인 마트에 있었는데 초콜릿 칩이 전부 다 팔렸어요. 그래서 다른 곳으로 갈 거예요.
Kyuho	오 바람 너무 불어!
Kyuho	인도 차. 난 한 번도 마늘 크래커를 본 적 없어.
Kyuho	자, 저희가 산 거 보여드리기 조금 창피하지만 저희 치토스 샀어요. 퍼프스로요.
Sarah	캐나다에서 돌아오고부터 계속 엄청 먹고 싶었어요.
Kyuho	네, 그리고 잼도 샀어요. 좋았어요.
Sarah	대성공이에요!

Key Words & Expressions by the way 그나저나, 그런데 embarrassing 창피한, 쑥스러운 crave 갈망하다

핵심 문장 그대로 SPEAK »))

초콜릿 칩이 전부 **다 팔렸어요.**

All the chocolate chips   .

저희가 산 거 보여드리기 **조금 창피하네요.**

It's   to show what we bought.

캐나다에서 돌아오고부터 **계속 엄청 먹고 싶었어요.**

We've   them since Canada.

패턴으로 응용 SPEAK »))

➕ **I've never p.p** 나 한 번도 ~해본 적 없어

◀ **I've never seen** garlic crackers.
난 한 번도 마늘 크래커를 본 **적 없어.**

◀ **I've never imagined** having my own pet.
난 한 번도 내 반려동물을 가질 거라곤 상상해본 **적 없어.**

◀ **I've never come** home drunk.
난 한 번도 술 취해서 집에 온 **적 없어.**

우리 닮았대요.

#떡 가게 #기분 좋은 상술

She said we look alike,
and we're a good-looking couple,
so I'll buy this.

That was her strategy.

This one looks like candy.
It's like candy.

Yeah, I wanna try that one.

OK, then, these two?

Yeah.

Kyuho	아주머니께서 말씀하시길 우리 닮았대요. 그리고 잘 생긴 커플이래요. 그래서 이거 사려고요.
Sarah	그게 아주머니의 작전이었어.
Sarah	이건 마치 사탕 같아 보여. 사탕 같아.
Kyuho	응, 그거 한번 먹어보고 싶어.
Sarah	알았어, 그럼 이거 두 개?
Kyuho	응.

Key Words & Expressions   alike 비슷한   strategy 전략, 계획

210

핵심 문장 그대로 SPEAK ᐅᐅ)

 아주머니께서 말씀하시길 우리 **닮았대요**.

She said we　　　　.

 그게 그녀의 **작전**이었어.

That was her　　　.

이건 마치 사탕 **같아 보여**.

This one　　　　　candy.

패턴으로 응용 SPEAK ᐅᐅ)

➕ **I wanna try ~**　나 한번 ~해보고 싶어

◀ **I wanna try** that one.
나 그거 **한번** 먹어**보고 싶어.**

◀ **I wanna try** Korean street food.
나 한국 길거리 음식 **한번** 먹어**보고 싶어.**

◀ **I wanna try** yoga to become more flexible.
나 더 유연해지기 위해 요가를 **한번** 해**보고 싶어.**

가자 서울 구경

경복궁은 꼭 한 번 가봐야 할 곳이야.

Everyone should visit Gyeongbokgung Palace at least once.

남산 서울타워에서는 서울 중심부가 내려다보여.

You can see central Seoul from the top of Namsan Seoul Tower.

북촌 한옥마을 산책을 추천해.

I recommend going for a walk in Bukchon Hanok Village.

창덕궁은 밤에 가면 더 좋아.

It's better to go to Changdeokgung Palace at night.

인사동은 뭐가 유명해?

What's famous in Insadong?

길거리 음식 하면 명동이지.

Myeongdong is the place for street food.

동대문 시장엔 없는 게 없어.

Dongdaemun Market has everything.

합정동 골목이 요즘 떠오르는 명소야.

Hapjeong-dong is a hot spot these days.

어디에 가면 한류 스타들을 볼 수 있어?

Where can I go to see K-pop stars?

한국 문화, 내가 알려줄게!

벚꽃축제에 사람이 어마어마해!

There are so many people at the cherry blossom festival.

우린 가을마다 단풍 구경을 가.

We always go to see colorful leaves in fall.

우리 가족은 신정 말고 구정을 쇄.

My family celebrates the lunar new year, not the solar one.

설날엔 어른들께 새배 드려야 해.

On Lunar New Year, we have to bow to our elders.

명절에 기차표 구하기는 하늘의 별 따기야.

It's nearly impossible to get a train ticket for the holidays.

김치 담가봤어?

Have you ever made kimchi?

불닭소스는 한번 먹으면 중독되는 맛이야.

Buldalk sauce is very addictive.

막걸리엔 파전이 최고지.

Pajeon is the best with Korean rice wine.

한복 입고 셀카 찍어봐.

You have to get a picture of yourself wearing a hanbok!

Travelogues

모든 가정에 개나 고양이가 있어요.

#캐나다 #반려동물

 We're going for a walk and
we're greeting all these dogs and cats.
Hello!

 There're so many.

I know!
It's rare to find Canadians who
don't have at least one pet.

 Every household has either
a cat or a dog or both.

Yeah.

Kyuho	저희 산책 가는데 여기 모든 개와 고양이들과 인사하네요.
	안녕!
Kyuho	엄청 많아요.
Sarah	맞아!
	반려동물이 최소 한 마리도 없는 캐나다 사람을 찾기란 드문 일이죠.
Kyuho	모든 가정에 개나 고양이가 있어요. 혹은 둘 다 있기도 하고요.
Sarah	맞아요.

Key Words & Expressions go for a walk 산책을 가다 greet 맞이하다, 환영하다 rare 드문, 희귀한

핵심 문장 그대로 SPEAK))

 우리 여기 모든 개와 고양이들과 **인사하네요**.

　　　　　　　　all these dogs and cats.

 반려동물이 최소 한 마리도 없는 캐나다 사람을 **찾기란 드문 일이죠**.

　　　　　　　　Canadians who don't have at least one

pet.

 모든 가정에 **개나 고양이**가 있어요.

Every household has 　　　　　　　　　.

패턴으로 응용 SPEAK))

➕ **We're going for ~** 우리 ~하러 가고 있어

◀ **We're going for** a walk.
우리 산책하러 가고 있어.

◀ **We're going for** a jog at the Han River park.
우리 한강공원에 조깅하러 가고 있어.

◀ **We're going for** a bike ride since it's our day off.
쉬는 날이라 **우리** 자전거 타러 가고 있어.

CHAPTER 7

완전 망하는 거예요.

#할리팩스 #대중교통 #인구

 Oh my god. Because if we miss the bus then...

On weekdays, it comes every 30 minutes; on weekends, it comes every hour. So if you miss it, you're like screwed.

 We're gonna cross the harbour and go to the downtown Halifax.

Yeah, we have to wait for the ferry, I think.

 What's the population in Halifax, do you know? Is it like 800,000?

Less than that.

Kyuho 오, 이런. 왜냐하면 저희 버스 놓치면...
Sarah 주중에는 버스가 30분마다 오고 주말에는
        1시간마다 와요. 그래서 놓치면 완전 망하는 거예요.
Kyuho 항구를 건너서 다운타운 할리팩스에 갈 거예요.
Sarah 네, 배를 기다려야 할 것 같아요.
Kyuho 할리팩스에 인구가 어떻게 돼. 너 알아? 80만 명 정도?
Sarah 그보다 적어.

Key Words & Expressions   miss 놓치다 weekday 평일 screwed (일이) 꼬인, 복잡하게 된
population 인구

핵심 문장 그대로 SPEAK ›››

 완전 망하는 거예요.

You're like 　　　　　.

 할리팩스에 **인구가 어떻게 돼**?

　　　　　　　　　　　in Halifax?

 그보다 적어.

　　　　　.

패턴으로 응용 SPEAK ›››

➕ come every ~ ~마다 와

◀ On weekdays, it **comes every** 30 minutes.
주중에는 30분**마다 와**.

◀ The train **comes every** hour.
기차가 한 시간**마다 와**.

◀ The subway **comes every** 3 minutes on average.
지하철은 평균 3분**마다 와**.

왕복 3시간인가
걸렸어요.

#세라의 학창시절 #하버 하퍼

I used to take the bus every single day
back and forth to university,
and because the transit system is really slow here,
it would take me like three hours a day both ways.

Oh my god.

I hated it.

There's that 'Harbour Hopper' again.

I forgot to say, the wheels pop up
and then it becomes a boat.

And then you can like, you know...

OK, maybe it's worth 40 bucks.

Sarah 전 매일 대학교까지 왔다 갔다 버스를 탔어요.
여기 교통 체계가 굉장히 느려서 하루에 왕복 3시간인가 걸렸어요.

Kyuho 세상에.

Sarah 정말 싫었어.

Sarah 저기에 또 '하버 하퍼' 있네.
말하는 걸 깜박했는데, 저거 바퀴가 위로 올라가면 배가 돼.
그리곤 있잖아...

Kyuho 그래, 아마 40달러 값은 하겠네.

Key Words & Expressions   back and forth 왔다 갔다   transit system 교통 체계   both ways 왕복
worth ~의 가치가 있는

220

핵심 문장 그대로 SPEAK))

전 매일 대학교까지 **왔다 갔다** 버스를 탔어요.

I used to take the bus every single day
to university.

하루에 왕복 3시간인가 걸렸어요.

It would take me like   .

아마 **그건** 40달러 **값은 하겠네**.

Maybe   40 bucks.

패턴으로 응용 SPEAK))

➕ **I forgot to ~** ~하는 걸 깜박했어

◀ **I forgot to** say, I'm having a party this weekend.
말하는 **걸 깜박했는데** 나 이번 주말에 파티할 거야.

◀ **I forgot to** pay my electricity bill.
나 전기세 내는 **거 깜박했어**.

◀ **I forgot to** recharge my phone, so now I can't use it.
휴대폰 충전하는 **걸 깜박해서** 지금은 쓸 수가 없어.

거의 다 왔어.

#할리팩스 근교 여행 #룩오프

 We're almost here, guys.

This place where we're at right now is called the Look Off. This place is really gorgeous.

We can see all down there.

And it's only probably an hour away from Halifax.

We have a lovely ice cream place called "Look and Lick."

Getting hungry?

 Packed a sandwich.

Mother	우리 거의 다 왔어, 얘들아.
Kyuho	저희가 지금 있는 곳은 '룩오프'라고 해요. 이곳 아주 멋져요.
	거기서 다 내려다볼 수 있어요.
	그리고 이곳은 아마 할리팩스에서 겨우 한 시간 거리예요.
Kyuho	저희가 좋아하는 아이스크림 가게인 '룩앤릭'이 있어요.
Kyuho	배고파졌어?
Sarah	샌드위치 싸 왔어.

Key Words & Expressions   gorgeous 아주 멋진, 화려한 lick 핥다

핵심 문장 그대로 SPEAK))

우리 **거의 다 왔어**, 얘들아.
We're _____, guys.

거기서 다 **내려다볼** 수 있어요.
We can see all _____.

배고파졌어?
_____?

패턴으로 응용 SPEAK))

➕ 시간 + away from ~ ~에서 … 거리인

◀ It's only an hour **away from** Halifax.
이곳은 할리팩스**에서** 겨우 한 시간 **거리야**.

◀ Sarah's parents live 20 minutes **away from** Halifax.
세라 부모님은 할리팩스**에서** 20분 **거리에** 사셔.

◀ Toronto is two and a half hours **away from** Halifax by plane.
토론토는 할리팩스**에서** 비행기로 2시간 30분 **거리야**.

그렇게 클 줄은 몰랐어요.

#뉴욕 여행 #타임스퀘어

So, we've just experienced our first evening and first day in New York City.

The first thing we did was see Times Square that evening.

I felt like I was in a movie, actually.

 Me too.

I didn't believe it would be that big.

Me either! I wasn't prepared.

Like, Seoul is one of the biggest cities in the world, but everything was just supersize in Times Square.

Sarah 그래서, 저희 방금 뉴욕에서 첫 밤이자 첫날을 경험했어요.
저녁에 가장 먼저 한 일은 타임스퀘어 구경이었어요.

Kyuho 사실 무슨 영화 속에 있는 것 같았어요.

Sarah 저도요.

Kyuho 그렇게 클 줄은 몰랐어요.

Sarah 저도 몰랐죠! 전 (마음의) 준비가 되어 있지 않았어요.
서울이 세계에서 가장 큰 도시 중 한 곳이지만
타임스퀘어에선 모든 게 그냥 특대 사이즈였어요.

Key Words & Expressions experience 경험하다 either (부정문에서) …도 (안 그렇다) prepare 준비하다

핵심 문장 그대로 SPEAK >))

 그렇게 클 줄은 몰랐어요.
I didn't believe it would be   .

 나도 아니야!
               !

 서울은 세계에서 **가장 큰 도시 중 하나야**.
Seoul is   in the world.

패턴으로 응용 SPEAK >))

➕ **The first thing we did was** ~ 우리가 가장 먼저 한 일은 ~였어

◀ **The first thing we did was** see Times Square that evening.
우리가 그날 저녁에 **가장 먼저 한 일은** 타임스퀘어 구경이**었어**.

◀ **The first thing we did was** unpack our suitcases.
우리가 **가장 먼저 한 일은** 여행 가방을 푼 거**였어**.

◀ **The first thing we did was** start the rice cooker.
우리가 **가장 먼저 한 일은** 밥을 짓기 시작한 거**였어**.

다시 올라오질
못하네요.

#서핑 #초보 서퍼 규호

You can barely stay on it that way!
He got impressed by that Japanese couple
who are really good at surfing, and he had to give it a go.

There. There. There!

This guy's good. But... Oh...
Oh Kyuho! You can do it!
He can't get back on.

Sarah 너 그렇게 간신히 올라가 있네!
규호가 저기 서핑을 정말 잘하는 일본인 커플을 보고 감탄하더니
규호도 한번 해봐야 했어요.
Sarah 저기. 저기. 저기!
Sarah 이 분은 잘하지만... 오...
오 규호! 넌 할 수 있어!
다시 올라오질 못하네요.

Key Words & Expressions   barely 간신히, 겨우   give it a go 한번 해보다

226

핵심 문장 그대로 SPEAK))

 너 그렇게 **간신히 올라가 있네**!

You can _____ that way!

 그는 **한번 해봐야** 했어요.

He had to _____.

그는 **다시 올라오질** 못하네요.

He can't _____.

패턴으로 응용 SPEAK))

➕ got impressed by ~ ~에 감탄했어

◀ He **got impressed by** that Japanese couple.

그는 저기 일본인 커플**에 감탄했어**.

◀ She **got impressed by** her friend's successful business.

그녀는 친구의 성공적인 비즈니스**에 감탄했어**.

◀ He **got impressed by** his wife's knowledge on the topic.

그는 그 주제에 대한 아내의 지식**에 감탄했어**.

한참 걸었어요.

#마카오 여행 #세인트 폴 성당

We are on our way to the Ruins of St. Paul's.

This is probably the number-one thing
I've wanted to see for the historical side of Macau.

Kyuho's like sweating
because we've been walking for a while.

It's really hot, but...

Yeah. I'm really excited about this one.
I'm loving all the colors here.

So hot.

Sarah	저희는 세인트 폴 성당 유적지로 가는 중이에요. 아마 여기가 마카오의 역사적인 측면 때문에 첫 번째로 보고 싶었던 곳일 거예요. 저희 한참을 걸어서 규호는 땀 흘리고 있어요. 정말 덥지만...
Kyuho	너무 더워.
Sarah	네. 저 정말 이것 때문에 신나요. 여기 색들이 전부 마음에 들어요.

Key Words & Expressions   historical 역사적인   like (비격식·구어) 저, 어, 말하자면   sweat 땀을 흘리다
for a while 한동안

핵심 문장 그대로 SPEAK))

아마 여기가 제가 **첫 번째로** 보고 싶었던 곳일 거예요.
This is probably   I've wanted to see.

저희는 **한참** 걸었어요.
We've been walking   .

저 정말 **이것 때문에 신나요.**
I'm really   .

패턴으로 응용 SPEAK))

➕ **be on one's way to ~** ~에 가는 중이야

◀ We **are on our way to** the Ruins of St. Paul's.
우리는 세인트 폴 성당 유적지**에 가는 중이야.**

◀ **I'm on my way to** my parents' house.
나는 부모님 집**에 가는 중이야.**

◀ She **is on her way to** a meeting.
그녀는 회의**에 가는 중이야.**

살면서 이렇게 큰 망고는 처음 봐.

#인도의 추억 #인디아 타운

Oh, now that we're walking around this Little India place, I start to smell this very specific... I don't know, Indian smell.

It reminds me of 10 years ago when I used to live in India. I don't know, it's just, uh...

All these memories. Yeah, yeah!

Nostalgic?

I'm too tall for this place.

I've never seen a mango this big in my life.

 Yeah!

Looks like a little melon.

Kyuho	오, 저희 지금 리틀 인디아를 걷고 있으니까.
	이 특유의 향을 맡기 시작했는데... 모르겠어요, 인도 냄새예요.
	제가 10년 전 인도에서 살 때를 떠올리게 하네요. 모르겠어요, 그건...
Sarah	그리워?
Kyuho	이 모든 추억들. 맞아, 맞아!
Sarah	이곳에 있기엔 제가 너무 키가 크네요.
Sarah	살면서 이렇게 큰 망고는 처음 봐.
Kyuho	응!
Sarah	작은 멜론 같아.

Key Words & Expressions　　remind of ~을 생각나게 하다　nostalgic 향수를 불러 일으키는

핵심 문장 그대로 SPEAK ›))

 그것이 제게 10년 전을 떠올리게 하네요.

                      10 years ago.

 이곳에 있기엔 제가 너무 키가 크네요.

I'm   this place.

 살면서 이렇게 큰 망고는 처음 봐.

I've never seen   in my life.

패턴으로 응용 SPEAK ›))

➕ **Now that ~** ~니까, ~라서

◀ **Now that** we're walking around this restaurant, we start to feel hungry.
이 식당 주변을 걷고 있으**니까** 배가 고파지기 시작해.

◀ **Now that** we finished eating, we should go for a walk.
우리 다 먹었으**니까** 산책하러 가야 해.

◀ **Now that** it's summer, it's much more humid.
여름이**니까** 훨씬 습해졌어.

1시쯤에 돌아가요.

#할아버지댁 방문 #할아버지 밥상

 We're heading back at around, what was it, 1:00?

So we're gonna have lunch with Grandpa and we're gonna leave.

 We had a lot of fun, though.
And he even cooked us breakfast this morning.

That's right.

 It was so good.
It was delicious.
I was actually really surprised—I was impressed.

Sarah	우리 돌아가는 거지, 몇 시였더라, 1시쯤?
Kyuho	저희 할아버지와 점심을 먹고 떠날 거예요.
Sarah	그래도 정말 즐거웠어. 그리고 오늘 아침에 저희에게 아침식사까지 만들어주셨어요.
Kyuho	맞아요.
Sarah	정말 맛있었어요.
	맛있었어. 사실 정말 놀랐고, 감동 받았어.

Key Words & Expressions   cook 요리하다   impress 감동시키다

핵심 문장 그대로 SPEAK 》》

우리 1시쯤에 **돌아가는 거지?**
We're _____ at around 1:00?

저희 할아버지**와 점심을 먹을** 거예요.
We're gonna _____ Grandpa.

그는 오늘 아침에 **우리에게 아침식사까지 만들어주었어요.**
He even _____ this morning.

패턴으로 응용 SPEAK 》》

➕ **We had a lot of ~** 우린 아주 ~했어

◀ **We had a lot of** fun.
우린 **아주** 즐거웠어.

◀ **We had a lot of** trouble with our booking.
우린 예약 때문에 **아주** 고생했어.

◀ **We had a lot of** joy helping people.
우린 사람들을 도우며 **아주** 기뻤어.

지금 비몽사몽이에요.

#우도 여행 #해돋이

Hello guys. I know it's super early and I'm super tired,
but we're gonna go see the sunrise,
and we're gonna go up the hill.

Hopefully I can see it.

Whoa! We're walking up the hill now.

The view is just crazy,
and I'm like half asleep right now.

So I don't know if I'm dreaming or not.

Almost there.

I think we're going up there.

Kyuho	여러분 안녕하세요. 매우 이른 거 알아요. 그리고 정말 피곤하네요. 하지만 저희는 해돋이를 보러 갈 거고 언덕 위로 올라갈 거예요. 해돋이를 볼 수 있으면 좋겠어요.
Kyuho	우와! 이제 언덕으로 걸어올라가고 있어요. 경치가 장난 아니에요. 그리고 전 지금 비몽사몽인 것 같아요. 그래서 꿈인지 생신지 모르겠네요.
Kyuho	거의 다 왔어요.
Kyuho	저희 저기로 올라가는 것 같아요.

Key Words & Expressions　sunrise 해돋이　go up 올라가다　asleep 잠이 든, 자고 있는

핵심 문장 그대로 SPEAK))

우리는 **언덕 위로 올라갈** 거예요.
We're gonna _____.

전 지금 **비몽사몽**이에요.
I'm _____ right now.

거의 다 왔어요.

_____.

패턴으로 응용 SPEAK))

⊕ **I don't know if ~** ~인지 모르겠어

◀ **I don't know if** I'm dreaming or not.
꿈인지 생신**지 모르겠어.**

◀ **I don't know if** he's qualified for this job.
이 일에 그가 자격이 되는**지 모르겠어.**

◀ **I don't know if** it is good enough for her.
그녀에게 그것이 충분히 괜찮은**지 모르겠어.**

방금 천둥이 치고 비 오기 시작했어요.

#폭우 #규호 기다리는 세라

It just started to thunder and rain.
Oh, I hope Kyuho's flight is safe.

Whoa, Beemo.
Oh my goodness.

Kyuho just messaged me to tell me
that he landed about 15 minutes ago safely,
which is good.

Dad's gonna be home soon.

Sarah	방금 천둥이 치고 비 오기 시작했어요. 오, 규호가 탄 비행기가 안전하게 왔으면 해요.
Sarah	우와, 비모야. 오, 맙소사.
Sarah	규호가 방금 저한테 메시지를 보냈는데 15분 전에 안전하게 도착했다고 해요. 다행이네요.
Sarah	아빠가 곧 집에 오셔.

Key Words & Expressions   thunder 천둥이 치다 flight 항공편, 비행 land 착륙하다, 내려앉다

핵심 문장 그대로 SPEAK))

방금 **천둥이 치고 비 오기** 시작했어요.
It just started to   .

규호가 방금 **저한테 메시지를 보냈어요.**
Kyuho just   .

아빠가 **곧 집에 오실** 거야.
Dad's gonna   .

패턴으로 응용 SPEAK))

➕ **, which is ~** 그건 ~한 일이야

◀ He landed about 15 minutes ago safely, **which is** good.
그가 15분 전에 안전하게 도착했어. **그건** 다행스런 **일이야.**

◀ Kyuho finished editing the video quickly, **which is** great.
규호는 영상 편집을 빨리 마쳤어. **그건** 잘된 **일이야.**

◀ My husband cooks dinner for me every night, **which is** lovely.
내 남편은 매일 밤 날 위해 저녁식사를 만들어. **그건** 사랑스러운 **일이야.**

규호 ♥ 세라의 -현실- 영어

여행보다 설레는 여행 준비

아싸! 최저가 항공권 구했어!
Yay! I got the cheapest plane ticket.

패키지 상품이 훨씬 더 저렴해.
The package tour is way cheaper.

그 여행 상품은 몇 박 몇 일이야?
How many days and nights is that travel package?

단체 관광은 싫어, 자유여행으로 가자.
I hate group tours. Let's just travel by ourselves.

호텔부터 알아봐!
Find a hotel first!

비행기랑 호텔 예약은 내가 했으니깐 일정은 네가 짜.
I booked our flight and hotel, so you should plan our activities.

이 일정을 하루에 다 소화한다고?
We're going to do all this in one day?

이걸 어떻게 다 가져가려고?
How are you going to bring all this?

빠뜨린 거 없는지 확인해봐.
Check if you forgot anything.

공항에서 발열 검사할지도 몰라.

They might check your temperature at the airport.

우리 입국 금지될 수 있어.

They might prevent us from entering the country.

나 길치인가 봐.

I think I'm bad at directions.

지금 같은 길을 몇 번이나 돌고 있는지 몰라.

I think we're going in circles.

어떡해? 우리 기차 잘못 탔어.

Oh no! We took the wrong train!

우리 바가지 쓴 것 같아.

I think we got ripped off.

결제 두 번 된 것 같아.

I think the transaction went through twice.

여기 오니깐 진짜 힐링된다.

Coming here makes me feel rejuvenated.

또 오고 싶은 곳이야.

I want to come back to this place.